GIORGIO

AGAMBEN

Gosto

FILŌ

A alma e as formas
Ensaios
Georg Lukács

A aventura da filosofia francesa no século XX
Alain Badiou

Ciência, um Monstro
Lições trentinas
Paul K. Feyerabend

Em busca do real perdido
Alain Badiou

Do espírito geométrico e da arte de persuadir
e outros escritos de ciência, política e fé
Blaise Pascal

A ideologia e a utopia
Paul Ricœur

O primado da percepção e suas consequências filosóficas
Maurice Merleau-Ponty

A sabedoria trágica
Sobre o bom uso de Nietzsche
Michel Onfray

Se Parmênides
O tratado anônimo De Melisso Xenophane Gorgia
Barbara Cassin

A teoria dos incorporais no estoicismo antigo
Émile Bréhier

A união da alma e do corpo
em Malebranche, Biran e Bergson
Maurice Merleau-Ponty

FILŌAGAMBEN

Bartleby, ou da contingência
Giorgio Agamben
seguido de *Bartleby, o escrevente*
Herman Melville

A comunidade que vem
Giorgio Agamben

O homem sem conteúdo
Giorgio Agamben

Ideia da prosa
Giorgio Agamben

Introdução a Giorgio Agamben
Uma arqueologia da potência
Edgardo Castro

Meios sem fim
Notas sobre a política
Giorgio Agamben

Nudez
Giorgio Agamben

A potência do pensamento
Ensaios e conferências
Giorgio Agamben

O tempo que resta
Um comentário à *Carta aos Romanos*
Giorgio Agamben

FILŌBATAILLE

O culpado
Seguido de *A aleluia*
Georges Bataille

O erotismo
Georges Bataille

A experiência interior
Seguida de *Método de meditação e Postscriptum 1953*
Georges Bataille

A literatura e o mal
Georges Bataille

A parte maldita
Precedida de *A noção de dispêndio*
Georges Bataille

Teoria da religião
Seguida de *Esquema de uma história das religiões*
Georges Bataille

Sobre Nietzsche
vontade de chance
Georges Bataille

FILŌBENJAMIN

O anjo da história
Walter Benjamin

Baudelaire e a modernidade
Walter Benjamin

Estética e sociologia da arte
Walter Benjamin

Imagens de pensamento Sobre o haxixe e outras drogas
Walter Benjamin

Origem do drama trágico alemão
Walter Benjamin

Rua de mão única Infância berlinense: 1900
Walter Benjamin

Walter Benjamin
Uma biografia
Bernd Witte

FILŌESPINOSA

Breve tratado de Deus, do homem e do seu bem-estar
Espinosa

Espinosa subversivo e outros escritos
Antonio Negri

Princípios da filosofia cartesiana e Pensamentos metafísicos
Espinosa

A unidade do corpo e da mente
Afetos, ações e paixões em Espinosa
Chantal Jaquet

FILŌESTÉTICA

O belo autônomo
Textos clássicos de estética
Rodrigo Duarte (Org.)

O descredenciamento filosófico da arte
Arthur C. Danto

Do sublime ao trágico
Friedrich Schiller

Íon
Platão

Pensar a imagem
Emmanuel Alloa (Org.)

FILŌMARGENS

O amor impiedoso
(ou: Sobre a crença)
Slavoj Žižek

Estilo e verdade em Jacques Lacan
Gilson Iannini

Interrogando o real
Slavoj Žižek

Introdução a Foucault
Edgardo Castro

Introdução a Jacques Lacan
Vladimir Safatle

Kafka
Por uma literatura menor
Gilles Deleuze
Félix Guattari

Lacan, o escrito, a imagem
Jacques Aubert, François Cheng, Jean-Claude Milner, François Regnault, Gérard Wajcman

O sofrimento de Deus
Inversões do Apocalipse
Boris Gunjević
Slavoj Žižek

Psicanálise sem Édipo?
Uma antropologia clínica da histeria em Freud e Lacan
Philippe Van Haute
Tomas Geyskens

ANTIFILŌ

A Razão
Pascal Quignard

FILŌAGAMBEN

autêntica

GIORGIO AGAMBEN

Gosto

1ª reimpressão

TRADUÇÃO, POSFÁCIO E NOTAS Cláudio Oliveira

Título original: *Gusto*

Este estudo foi originalmente publicado em *Enciclopedia Einaudi*, vol. 6. Torino: Einaudi, 1979.

EDITORA RESPONSÁVEL
Rejane Dias

EDITORA ASSISTENTE
Cecília Martins

REVISÃO
Miriam de Carvalho Abões

CAPA
Alberto Bittencourt

DIAGRAMAÇÃO
Larissa Carvalho Mazzoni

Dados Internacionais de Catalogação na Publicação (CIP)
(Câmara Brasileira do Livro, SP, Brasil)

Agamben, Giorgio
Gosto / Giorgio Agamben ; tradução, posfácio e notas Cláudio Oliveira. -- 1. ed.; 1. reimp. -- Belo Horizonte : Autêntica Editora, 2020. -- (Filô Agamben)

Título original: *Gusto*
Bibliografia.
ISBN: 978-85-513-0213-2

1. Estética 2. Filosofia italiana I. Oliveira, Cláudio. II. Título. III. Série.

17-02928 CDD-111.85

Índices para catálogo sistemático:
1. Estética : Filosofia 111.85

GRUPO **AUTÊNTICA**

Belo Horizonte
Rua Carlos Turner, 420
Silveira . 31140-520
Belo Horizonte . MG
Tel.: (55 31) 3465 4500

São Paulo
Av. Paulista, 2.073 . Conjunto Nacional, Horsa I
23º andar . Conj. 2310-2312 . Cerqueira César
01311-940 São Paulo . SP
Tel.: (55 11) 3034 4468

www.grupoautentica.com.br

Nota do tradutor

A obra de Giorgio Agamben é marcada, como sabemos, por sua conhecida erudição, o que faz com que seus livros sejam frequentemente recheados de citações de autores de diferentes línguas e de diferentes períodos da história. Essa particularidade do filósofo italiano não poderia deixar de ocorrer no presente livro. Diante das frequentes citações que encontramos ao longo da obra, tivemos de decidir qual procedimento adotar. Preferimos não utilizar as traduções disponíveis em português das obras citadas por Agamben, mas traduzir as citações tal como elas aparecem no original em italiano. Com isso, evitamos introduzir elementos estranhos ao autor e mantivemos o vocabulário que ele adota ao se referir a essas obras.

Para contrabalançar essa decisão, no entanto, colocamos em notas de rodapé, sempre que possível, o texto original das citações, bem como a referência das edições brasileiras das obras citadas. Nas referências bibliográficas que se encontram ao final do livro também acrescentamos, junto às obras originais e às traduções italianas, as traduções brasileiras. Agradeço a Isabela Pinho pelo auxílio na localização dessas referências bibliográficas. Todas as notas de rodapé da presente edição são de responsabilidade do tradutor e foram marcadas com "(N.T.)".

Gosto

1. Ciência e prazer

Em oposição ao estatuto privilegiado atribuído à visão e à audição, na tradição da cultura ocidental, o gosto[1] é classificado como o sentido mais baixo, cujos prazeres o homem condivide com os outros animais

[1] No original, em italiano: *gusto*. O termo italiano *gusto* significa: o sentido que permite perceber e distinguir os sabores; a propriedade das substâncias que provocam sensações gustativas, isto é, o mesmo que "sabor"; o gozo, o prazer, o sentimento de íntima satisfação (quando dizemos, por exemplo, que fazemos algo "com gosto"); e, a partir desses sentidos mais concretos, uma série de outros sentidos, mais "subjetivos": o modo pessoal de ver as coisas, preferência, inclinação; senso estético, elegância, estilo, refinamento; faculdade de julgar e avaliar os valores estéticos na arte; complexo das inclinações estéticas que caracterizam uma época. Em geral, o termo português "gosto" recobre todos os sentidos do termo italiano *gusto*. Apenas no que diz respeito aos cinco sentidos, usamos de preferência o termo "paladar" em vez de "gosto" (embora o termo "gosto", em português, também

(Aristóteles, *Etica Nicomachea*, 1118a) e a cujas impressões não se mistura "nada de moral"[2] (Rousseau, 1781, p. 303). Também nas *Lições sobre a estética* de Hegel (1817-1829), o gosto é oposto aos dois sentidos "teoréticos", visão e audição, porque "não se pode *degustar* uma obra de arte como tal, porque o gosto não deixa o objeto livre para si, mas tem a ver com ele de modo realmente prático, dissolvendo-o e consumindo-o"[3] (Hegel, 1817-1829, p. 696). Por outro lado, em grego, em latim e nas línguas modernas que dele derivam, é um vocábulo etimologicamente e semanticamente ligado à esfera do gosto que designa o ato do conhecimento: "O sapiente[4] é assim chamado

---

signifique o sentido do paladar), o que não ocorre em italiano, que não dispõe de uma palavra diferente para dizer o sentido do paladar e usa apenas *gusto*. Em função disso, na passagem acima, uma tradução talvez mais adequada para o termo *gusto* teria sido "paladar". Mas optamos por manter "gosto" a fim de deixar claro para o leitor que se trata, em toda a reflexão de Agamben neste livro, de um esforço único em pensar um mesmo termo em seus diversos desdobramentos semânticos. (N.T.)

2 "Conheço apenas um sentido a cujas sensações não se mistura nada de moral: é o do gosto" (ROUSSEAU, J.- J. *Ensaio sobre a origem das línguas*. Trad. Fulvia. M. L. Moretto. Campinas: Editora Unicamp, 1998. p. 172). (N.T.)

3 "*Ebensowenig läßt sich ein Kunstwerk als Kunstwerk schmecken, weil der Geschmack den Gegenstand nicht frei für sich beläßt, sondern sich's reell praktisch mit ihm zu tun macht, ihn auflöst und verzehrt*" (G.W.F. Hegel. *Vorlesung über die Ästhetik II*. (Dritter Teil: Das System der einzelnen Künste. Einteilung.) *Werke 14*. Frankfurt am Main: Suhrkamp, 1986. p. 255). [Trad. bras.: HEGEL, G. W. F. *Cursos de estética*. Trad. Marco Aurélio Werle e Oliver Tolle. São Paulo: Edusp, 2014. v. III. p. 24.] (N.T.)

4 No original, em italiano: *sapiente*. Apesar de o termo "sapiente", em português, soar bastante erudito, decidimos mantê-lo como

por causa da palavra 'sabor' (*Sapiens dictus a sapore*), pois, assim como o gosto é apropriado à distinção do sabor, do mesmo modo o sapiente tem a capacidade de conhecer as coisas e as suas causas, na medida em que tudo o que ele conhece, ele o distingue segundo um critério de verdade", enuncia ainda no século VII[5] uma etimologia (livro X, 240) de Isidoro de Sevilha; e, nas lições de 1872 sobre os filósofos pré-platônicos, o jovem filólogo Nietzsche nota a propósito da palavra grega *sophós*, "sábio"[6]: "Etimologicamente ela pertence à família de *sapio*, degustar[7], *sapiens*, o degustante[8], *saphēs*, perceptível ao gosto. Nós falamos de gosto na arte: para os gregos, a imagem do gosto é ainda mais ampla. Uma forma redobrada, *Sísyphos*, de forte gosto (ativo); também *sucus* pertence a esta família"[9] (NIETZSCHE, 1872-1873, p. 253-254).

---

tradução do italiano *sapiente*, para marcar a diferença com o termo *saggio*, "sábio", usado por Agamben a seguir. (N.T.)

5 Por um erro, consta, na edição original italiana, século "XII". Isidoro (*ca.* 560, Cartagena – 636, Sevilha) foi arcebispo de Sevilha por mais de três décadas e é autor das famosas *Etymologiae*, uma enorme compilação, em 448 capítulos, dividida em vinte volumes. (N.T.)

6 No original, em italiano: *saggio*. (N.T.)

7 No original, em italiano: *gustare*. (N.T)

8 No original, em italiano: *gustante*. (N.T.)

9 Agamben parece se referir a uma edição dos cursos de Nietzsche de 1872 que não conseguimos localizar, mas encontramos uma passagem praticamente idêntica em *A filosofia na época trágica dos gregos*: "*Das griechische Wort, welches den "Weisen" bezeichnet, gehört etymologisch zu sapio ich schmecke, sapiens der Schmeckende, susyphos der Mann des schärfsten Geschmacks*" (NIETZSCHE, Friedrich. Die Philosophie im tragischen Zeitalter der Griechen. *In: Die Geburt der Tragödie Unzeitgemässe Betrachtungen I-IV. Nachgelassene*

Quando, no curso dos séculos XVII e XVIII, começa-se a distinguir uma faculdade específica à qual são atribuídos o julgamento[10] e o gozo da beleza, é precisamente o termo "gosto", oposto metaforicamente, como um sentido figurado, à sua acepção própria, que se impõe na maior parte das línguas europeias para indicar aquela forma especial de saber que goza do objeto belo e aquela forma especial de prazer que julga a beleza. Com a sua habitual lucidez, Kant individua, de fato, desde a primeira página da *Crítica do juízo* (1790), o "enigma" do gosto em uma interferência entre saber e prazer. Ele escreve a propósito do juízo de gosto:

> Embora esses juízos não contribuam em nada para o conhecimento das coisas, eles pertencem, não obstante, unicamente à faculdade de conhecer e revelam uma imediata relação dessa faculdade com o sentimento do prazer... Essa relação é precisamente aquilo que há de enigmático na faculdade do juízo (Kant, 1790, p. 6).[11]

Schriften 1870-1873. Kritische Studienausgabe Herausgegeben von Giorgio Colli und Mazzino Montinari. München: Deutscher Taschenbuch Verlag de Gruyter, 2012. p. 816). [Trad. bras.: *Os pré-socráticos: fragmentos, doxografia e comentários.* 2. ed. Seleção de textos e supervisão do Prof. José Cavalcante de Souza. São Paulo: Abril Cultural, 1978. p. 12. (Coleção Os Pensadores).] (N.T.)

10 No original, em italiano: *giudizio*. Alternaremos, para esta palavra, as traduções "julgamento" e "juízo" conforme o contexto. Mas é preciso que o leitor tenha em mente que se trata sempre do mesmo termo no original. (N.T.)

11 "*Denn, ob sie gleich für sich allein zum Erkenntnis der Dinge gar nichts beitragen, so gehören sie doch dem Erkenntnisvermögen allein an, und beweisen eine unmittelbare Beziehung dieses Vermögen auf das Gefühl der Lust... die gerade das Rätselhafte in dem Prinzip der Urteilskraft ist*" (KANT, Immanuel. *Kritik der Urteilskraft*. Frankfurt am Main:

Desde o início, o problema do gosto se apresenta assim como aquele de um "outro saber" (um saber que não pode dar razão em seu ato de conhecer, mas dele goza; nas palavras de Montesquieu: "a aplicação pronta e requintada de regras que nem sequer conhecemos"[12] [Montesquieu, 1755, p. 735]) e de um "outro prazer" (um prazer que conhece e julga, de acordo com o que está implícito na definição de gosto de Montesquieu como *mesure du plaisir*[13]): o conhecimento do prazer, precisamente, ou o prazer do conhecimento, se nas duas expressões se dá ao genitivo um valor subjetivo, e não apenas objetivo.

A estética moderna, a partir de Baumgarten, se construiu como uma tentativa de indagar a especificidade desse "outro saber" e de fundar a sua autonomia ao lado do conhecimento intelectual (*cognitio sensitiva* ao lado da *logica*, intuição ao lado do conceito). Desse modo, configurando a relação entre eles como aquela entre duas formas autônomas no interior do mesmo processo gnosiológico, ela deixava, porém, na sombra precisamente

---

Suhrkamp, 2014. p. 75-76). [Trad. bras.: KANT, Immanuel. *Crítica da faculdade do juízo*. 2. ed. Trad. Valerio Rohden e António Marques. Rio de Janeiro: Forense Universitária, 2010. p. 13-14.] (N.T.)

12 "*une application prompte et exquise des règles mêmes que l'on ne connaît pas.*" [Trad. bras.: MONTESQUIEU, C. Gosto (Gramática, Literatura e Filosofia). In: DIDEROT, D.; D'ALEMBERT, J. R. *Enciclopédia ou Dicionário razoado das ciências, das artes e dos ofícios*. Vol. 2: O Sistema dos conhecimentos. Org. Pedro Paulo Pimenta, Maria das Graças de Souza. Trad. Pedro Paulo Pimenta, Maria das Graças de Souza e Luís Fernandes do Nascimento. São Paulo: Editora Unesp, 2015. p. 307.] (N.T.)

13 Em francês no original. Tradução: *medida do prazer*. (N.T.)

o problema fundamental, que, como tal, deveria ser interrogado: por que o conhecimento está assim originalmente dividido e por que ele mantém, de modo igualmente original, uma relação com a doutrina do prazer, isto é, com a ética? E é possível uma reconciliação da fratura que quer que a ciência conheça a beleza, mas não goze dela, e que o gosto goze da beleza, sem poder, dela, dar razão? Ou seja, o que acontece com o "prazer do conhecimento"? Como pode o conhecimento gozar (degustar[14])? No presente estudo, mesmo que consideremos a estética no sentido tradicional como um campo historicamente fechado, proporemos, por outro lado, situar o gosto como lugar privilegiado no qual vem à luz a fratura do objeto do conhecimento em verdade e beleza e do *télos* ético do homem (que, na ética aristotélica, aparece ainda indiviso na ideia de uma *theōría* que é também *teleía eudaimonía*, "perfeita felicidade") em conhecimento e prazer, que caracteriza de modo essencial a metafísica ocidental. Na formulação platônica, essa fratura é, antes, tão essencial que se pode dizer que é ela mesma que constitui o pensamento ocidental não como *sophía*, mas como *philo-sophía*. Somente porque verdade e beleza estão originalmente cindidas, somente porque o pensamento não pode possuir integralmente o próprio objeto, é que ele deve se tornar amor ao saber, isto é, filosofia.

2. Verdade e beleza

O estatuto diferencial da beleza está fundado por Platão, no *Fedro*, na alegação de que, enquanto a sabedoria

---

[14] No original, em italiano: *gustare*. (N.T.)

não tem uma imagem que possa ser percebida pela vista, à beleza, ao contrário, é concedido o privilégio de ser aquilo que há de mais visível:

> A beleza, como foi dito, resplandecia com luz verdadeira lá em cima entre aquelas essências, e também depois aqui embaixo nós a apreendemos, com o mais luminoso dos nossos sentidos, luminosa e resplandecente. Porque a visão é o mais agudo dos sentidos permitidos ao nosso corpo; ela, porém, não vê o pensamento (*phrónēsis ouch horâtai*). Que extraordinários amores nos seriam concedidos se o pensamento pudesse assegurar-nos uma imagem tão clara de si para ser contemplada! Nem pode ver as outras essências que são dignas de amor. Somente à beleza coube esse privilégio de ser a mais aparente (*ekphanéstaton*) e a mais amável (*erasmiōtaton*) (*Fedro*, 250d).[15]

Na falta de *eídōlon* da sabedoria e na particular visibilidade da beleza, o que está em jogo é, portanto, o problema metafísico original da fratura entre visível e invisível, aparência e ser. O paradoxo da definição platônica da beleza é a visibilidade do invisível, a aparição sensível da ideia. Mas, nesse paradoxo, encontra o seu fundamento e a sua razão de ser a teoria platônica do amor, em cujo âmbito o *Fedro* desenvolve o tratamento do problema do belo.

---

15 "*perì dè kállous, hōsper eípomen, met'ekeínōn te élampen ón, deûró t' elthóntes kateilēphamen autò dià tēs enargestátēs aisthēseōs tōn ēmēterōn, stílbon enargéstata. Ópsis gàr hēmîn oxytátē tōn dià toû sōmatos érkhetai aisthēseōn, hēi phronēsis oukh horâtai; deinoùs gàr àn pareîkhen érōtas, eí ópsin iòn kaì tâlla hósa erastá. Nûn dè kállos mónon taútēn éskhe moîran hōst› ekphanéstaton eînai kaì erasmiōtaton.*" (N.T.)

A visibilidade da ideia na beleza é, de fato, a origem da mania amorosa, que o *Fedro* descreve constantemente em termos de olhar, e do processo cognitivo que ela põe em ato, cujo itinerário é fixado por Platão no *Banquete*. No mesmo *Banquete*, o estatuto de Eros no âmbito do conhecimento é caracterizado como meio termo entre conhecimento e ignorância e, nesse sentido, comparado com a opinião verdadeira, isto é, com um saber que julga com correção e apreende o verdadeiro sem poder, porém, dar a sua razão. E é precisamente esse seu caráter medial que justifica a sua identificação com a filosofia:

> "Mas não te dás conta de que há algo entre sabedoria e ignorância?" "O quê?" "Julgar com correção mesmo sem estar em condições de dar a sua razão (*lógon doûnai*). Não sabes que isso não é exatamente ciência – porque onde não se sabe dar a razão como poderia haver ciência? Nem ignorância – já que o que apreende o verdadeiro, como poderia ser ignorância? Portanto, algo de semelhante à opinião correta (*orthē dóxa*), um meio termo entre o entender e a ignorância (*metaxý phronēseōs kaì amathías*)"(*Banquete*, 202a).[16]

> "Também entre sabedoria e ignorância, [Amor] se encontra no meio do caminho, e por essa razão nenhum dos deuses é filósofo ou deseja tornar-se sapiente (porque já o é), nem quem é já sapiente se dedica à filosofia. Por outro lado, os ignorantes tampouco se entregam ao filosofar nem aspiram a

[16] "*Ē ouk ēisthēsai hóti éstin ti metaxý sophías kaì amathías? – Tì toûto? – Tò orthà dozádzein [kaì] áneu toû ékhein lógon doûnai, ouk oîsth', éphē, hóti oúte epístasthai estin (álogon gàr prâgma pôs àn eíē epistēmē), oúte amathía (tò gàr tôu óntos tynkhánon pōs àn eíē amathía)? ésti dè dēpou toioûton he orthē dóxa, metaxý phonēseōs kaì amathías.*" (N.T.)

tornar-se sábios[17], e precisamente por isso a ignorância é terrível, porque quem não é nem nobre nem sábio crê ter o suficiente de tudo; e naturalmente quem não percebe estar em falta não aspira a isso de que não acredita ter necessidade". "Quem são, Diotima, respondi, os que se dedicam à filosofia, se excluímos os sábios e os ignorantes?" "Mas até uma criança o veria, respondeu, que são aqueles no meio do caminho entre os dois, e que o Amor é um deles. Já que precisamente a sabedoria está entre as coisas mais belas e o Amor é amor do belo, segue disso, necessariamente, que o Amor é filósofo, e, enquanto tal, está no meio do caminho entre o sapiente e o ignorante" (*ibidem*, 204a-b).[18]

Ainda no *Banquete*, o itinerário amoroso é descrito como um processo que vai da visão da beleza corpórea à ciência do belo (*toû kaloû máthēma*) e, finalmente, ao belo em si, que não é mais nem corpo nem ciência:

> Essa beleza não se lhe revelará com um rosto, nem com mãos, nem com qualquer outra coisa que pertença ao corpo, nem também como conceito ou ciência, nem como residindo em algo diverso dela, por exemplo, em um vivente, ou na terra, ou no

---

17 No original, em italiano: *saggi*. (N.T.)

18 "*Sophías te aû kaì amathías en mésōi estín. Ékhei gàr ōde: oudeìs philosopheî oud' epithymeî sophòs genésthai (ésti gàr), oud' eí tis állos sophós, ou philosopheî; oud' aû hoi amatheîs philosophoûsin oud' epithymoûsi sophoì genésthai; autò gàr toûtó esti khalepòn amathía, tò mē ónta kalòn kagathòn mēdè phrónimon dokeîn hautōi eînai hikanón; oúkoun epithymeî ho mè oiómenos endeēs eînai oû àn mē oíētai epideîsthai. – Tínes oûn, éphēn egō, ō Diotíma, hoi philosophoûntes, ei mēte hoi sophoì mēte hoi amatheîs? Dēlon dē, éphē, toûtó ge ēdē kaì ho Érōs. Ésti gàr dē tōn kallístōn hē sophía, Érōs d' estìn érōs perì tò kalón, hōste anankaîon Érōta philósophon eînai, philósophon dè onta, metaxý eînai sophoû kaì amathoûs.*" (N.T.)

céu, ou em qualquer outra coisa, mas como ela é em si e por si, eternamente unívoca (*ibidem*, 211a-b).[19]

A tarefa fundamental que Platão atribui à teoria do amor é, portanto, a de garantir o nexo (a unidade e, ao mesmo tempo, a diferença) entre beleza e verdade, entre o que há de mais visível e a invisível evidência da ideia. De fato, pertence à mais profunda intenção do pensamento platônico o princípio pelo qual o visível (e, portanto, o belo, enquanto "o que é mais aparente") está excluído do âmbito da ciência. No livro VII da *República*, a propósito da astronomia, Platão afirma explicitamente que é impossível apreender a verdade permanecendo no terreno das aparências e da beleza visível. A bela variedade das constelações celestes não pode ser, *como tal*, objeto de ciência:

> Esses ornamentos dispostos no céu, por estarem bordados sobre um fundo visível, é necessário julgá-los os mais belos e considerá-los os mais regulares dentre objetos similares, mas muito inferiores aos verdadeiros, no que diz respeito aos movimentos que a verdadeira velocidade e a verdadeira lentidão realizam, segundo o verdadeiro número e em toda verdadeira figura, uma com respeito à outra... Por isso, continuou, os ornamentos do céu devem servir como exemplos para poder estudar esses outros objetos. Um caso similar seria o de quem encontrasse desenhos traçados ou elaborados com particular mestria por Dédalo ou qualquer outro artista ou pintor. Vendo-os, alguém experiente em

19 "*oud' aû phantasthēsetai autōi tò kalòn hoîon prósōpón ti oudè kheîres oudè állo oudèn ōn sōma metékhei, oudé tis lógos oudé tis epistēmē, oudé pou òn en hetérōi tini, hoîon en dzōōi ē en gēi ē en ouranō, ē én tōi állōi, all' autò kath' hautò meth' hautoû monoeidès aeì ón.*" (N.T.)

> geometria os julgaria belíssimos quanto à execução, mas estimaria ridículo examiná-los seriamente para apreender neles o verdadeiro conceito da igualdade ou do dobro ou de qualquer outra relação (*República*, 529c-e).[20]

Por isso, com razão, Simplício, formulando assim, de algum modo – no seu comentário ao *Do céu* de Aristóteles –, o programa das ciências exatas, podia configurar a intenção mais própria da *epistēmē* platônica como um *tà phainómena sōzein*, "salvar as aparências": "Eis qual problema Platão propunha aos pesquisadores nesse campo (a astronomia): encontrar quais movimentos circulares e perfeitamente regulares é necessário supor para salvar as aparências apresentadas pelos astros errantes" (Duhem, 1908, p. 3). Mas somente se pudéssemos fundar um saber das aparências enquanto tais (isto é, uma ciência do belo visível), seria então possível afirmarmos ter realmente "salvo os fenômenos". A *epistēmē*, por si mesma, só pode "salvar as aparências" nas relações matemáticas, sem pretender exaurir o fenômeno visível na sua beleza.

---

20 "*Taûta mèn tà en tōi ouranōi poikílmata, epeíper en horatōi pepoíkiltai, kállista mèn hēgeîsthai kaì akribéstata tōn toioútōn ékhein, tōn dè alēthinōn polý endeîn, hàs tò òn tákhos kaì hē oûsa bradytēs en tōi alēthinōi aritmōi kaì pâsi toîs alēthési skhēmasi phorás te pròs állēla phéretai […] Oukoûn, eîpon, tēi perì tòn ouranòn poikilíai paradeígmasi khrēstéon tēs proòs ekeîna mathēseōs héneka, homoíōs hōsper àn eí tis entýkhoi hypò Daidálou ē tinos állou dēmiourgoû ē graphéōs diapheróntōs gegramménois kaì ekpeponēménois diagrámmasin. Hēgēsaito gàr án poú tis émpeiros geōmetrías, idōn tà toiaûta, kállista mèn ékhein apergasíai, geloîon mēn episkopeîn autà spoudēi hōs tēn alētheian en autoîs lēpsómenon ísōn ē diplasíōn ē állēs tinòs symmetrías.*" (N.T.)

Por isso, o nexo verdade-beleza é o centro da teoria platônica das ideias. A beleza não pode ser conhecida, a verdade não pode ser vista; mas precisamente esse entrelaçar-se de uma dupla impossibilidade define a ideia e a autêntica salvação das aparências que ela realiza no "outro saber" de Eros. Na verdade, o significado do termo "ideia" (com o seu implícito remetimento etimológico a uma e-vidência, a um *ideîn*) está inteiramente contido no jogo (na unidade-diferença) entre verdade e beleza. Por isso, toda vez que, nos diálogos sobre o amor, parece ser possível apreender a beleza, há esse remetimento ao invisível, assim como, toda vez que se acredita poder encerrar na *epistēmē* a consistência da verdade, há esse remetimento ao vocabulário da visão, a um ver e a um aparecer. Precisamente porque o ato supremo do conhecimento é cindido de tal modo em verdade e beleza e resulta todavia concebível somente nessa cisão ("a sabedoria é sabedoria das coisas mais belas", o belo é "o que há de mais aparente", mas a ciência é ciência do invisível), o saber deve constituir-se como "amor do saber" ou "saber de amor" e, para além tanto do conhecimento sensível quanto da *epistēmē*, apresentar-se como filosofia, isto é, como meio termo entre ciência e ignorância, entre um ter e um não-ter.

Nessa perspectiva é significativo que, no *Banquete*, a Eros seja atribuída a esfera da adivinhação. Pois a adivinhação era precisamente uma forma de "mania", isto é, um saber que não podia, como a *epistēmē*, dar razão de si e dos fenômenos, mas concernia a isso que neles era simplesmente signo e aparência. A contraposição entre a *orthē manía* do saber de amor e a *epistēmē* remete mais uma vez à tentativa platônica de instituir

um "saber outro" e uma salvação dos fenômenos entre a invisibilidade da evidência (a verdade) e a evidência do invisível (a beleza).

A teoria platônica do amor não é, porém, apenas a teoria de um saber outro, mas também, e na mesma medida, a teoria de um "outro prazer". Se o amor é, de fato, desejo de possuir o belo (*Banquete*, 204d), se possuir o belo é ser feliz (*eidaímōn éstai*) e se, por outro lado, o amor é, como se viu, amor do saber, o problema do prazer e o do saber estão estreitamente conectados. Por isso, não é certamente casual que, no *Filebo*, a análise do prazer seja conduzida juntamente com a da ciência, e que o bem supremo aí seja identificado como uma mistura (*synkrásis*) de ciência e de prazer, de verdade e de beleza. Platão distingue aqui os prazeres puros (*hedonaì katharaí*) – os das belas cores, das figuras, de certos odores e dos sons – que podem ser misturados com a ciência, dos impuros, que não toleram nenhuma relação com o conhecimento. A mistura dos prazeres puros e das ciências puras é, porém, explicitamente caracterizada como obra da beleza, de modo que o objeto supremo do prazer, assim como o da ciência, se refugia mais uma vez no belo ("Assim, agora, a potência do bem se refugiou na natureza do belo" [*Filebo*, 64e]).[21] A fratura do conhecimento que Platão deixava como herança à cultura ocidental é, portanto, também uma fratura do prazer; mas ambas as fraturas – que caracterizam de modo original a metafísica ocidental – apontam para uma dimensão intermediária na qual se mantém a

[21] "*nyn dè katapépheugen hemîn he toû agathoû dynamis eis tèn toû kaloû physin*". (N.T.)

figura demônica de Eros, o qual parece poder apenas assegurar a sua conciliação, sem abolir, ao mesmo tempo, a sua diferença.

Somente se a colocamos sobre esse fundo, isto é, somente se nos damos conta de qual complexa herança metafísica está prenhe a ciência que, no final do século XVIII, vem ingenuamente propor-se como "ciência do belo" e "doutrina do gosto", é possível colocar em termos adequados o problema estético do gosto, que é, ao mesmo tempo, um problema de conhecimento e de prazer, ou melhor, nas palavras de Kant, o problema da "enigmática" relação entre o conhecer e o prazer.

3. Um saber que goza e um prazer que conhece

A formulação do conceito de gosto, a partir do século XVI até a sua plena enunciação na copiosa tratadística setecentista sobre o gosto e sobre o belo, trai essa origem metafísica na secreta solidariedade entre ciência e prazer que ela pressupõe. O gosto aparece, de fato, desde o início, como um "saber que não sabe, mas goza" e como um "prazer que conhece". Não é um acaso que, como mostrou Robert Klein (1970), a primeira aparição desse conceito deva ser procurada mais nos tratados sobre o amor e na literatura mágico-hermética do que na literatura artística propriamente dita. É em uma singular passagem do livro XVI da *Teologia* (1613-1624), de Campanella, a propósito das influências dos anjos e dos demônios sobre o homem, que se encontra uma das mais precoces aparições da metáfora gustativa para significar uma forma particular de conhecimento imediato.

> *Non enim discurrendo cognoscit vir spiritualis utrum daemon an angelus... sibi suadet... aliquid; sed quodam quasi tactu et gustu et intuitiva notitia... quemadmodum lingua statim discernimus saporem vini et panis* (*cit. in* Klein, 1970, p. 377).
>
> [De fato, não é discorrendo que o homem espiritual se dá conta se um demônio ou um anjo... o convence... de uma coisa; mas com um tipo de tato e de gosto e de discernimento intuitivo... assim como com a língua imediatamente discernimos o sabor do vinho e do pão.]

E é ainda Campanella, no prefácio à *Metafísica* (1638), que opõe ao raciocínio, "que é quase uma flecha com a qual atingimos o alvo de longe e sem degustá-lo[22] (*absque gustu*)", uma forma de conhecimento por *tactum intrinsecum in magna suavitate*. A ideia de uma outra forma de conhecimento, que se opõe tanto à sensação quanto à ciência, e é ao mesmo tempo prazer e saber, é o traço dominante das primeiras definições do gosto como juízo sobre o belo. Uma passagem do *Discurso das razões do número do verso italiano*, de Ludovico Zuccolo, resume exemplarmente todos os elementos do problema. A propósito da beleza do verso, ele escreve:

> A causa, pois, pela qual uma proporção ou consonância seja boa e uma outra má não pode ser descoberta pelo vigor da mente humana. Cabe deixar o seu julgamento a uma certa porção do entendimento, à qual, pelo fato de conhecer unida aos sentimentos, costumamos dar também o nome de sentido; por isso, temos o costume de dizer que o olho discerne a beleza da Pintura e a orelha apreende a harmonia da Música. Mas, na verdade, nem o

[22] No original, em italiano: *gustarlo*.

> olho nem a orelha são juízes por si só (se assim fosse, também os cavalos e os cães teriam aquele gosto da Pintura e da Música que nós sentimos), mas uma certa potência superior, unida com o olho e com a orelha, é que forma um tal juízo: tal potência tanto melhor conhecerá, quanto maior for a sua agudeza nativa ou a sua perícia nas artes, sem porém valer-se de discurso. A mente humana sabe muito bem que um corpo, para ser belo, requer mais uma proporção do que outra: mas, para que uma seja boa e outra, má, o seu julgamento permanece inteiramente naquela potência unida com os sentimentos, a qual discerne sem discurso. Por isso, diremos corretamente que a boca, por exemplo, deve ter tanto de amplitude de contorno, de ângulo, de abertura e de grossura de lábios, suavemente expostos para fora, para responder com medida e proporção ao nariz, às bochechas, aos olhos, à testa; e que por isso Lucrécia tinha bela boca, e Camila, feia: mas, para que, feita mais de um modo que de outro, seja de [bom] gosto[23], permanece seu juiz o sentimento, entendido da maneira declarada por nós; e, porém, seria loucura procurar para isso outra razão (ZUCCOLO, 1623, p. 8-9).

Essa caracterização por assim dizer em negativo do gosto como "saber que não se sabe" é perfeitamente evidente na definição leibniziana do gosto ("o gosto distinto pela inteligência consiste nas percepções confusas das quais não se poderia, com suficiência, dar razão. Trata-se de algo semelhante ao instinto") e na sua observação de que os pintores e os artistas, que julgam bastante bem as obras de arte, não podem porém dar conta dos seus juízos senão remetendo a um *não sei o quê* ("Vemos que os pintores e

---

[23] No original, em italiano: *di gusto*. (N.T.)

os outros artífices – ele escreve no *De cognitione, veritate et ideis* [1684] – sabem bem o que foi feito corretamente ou mal, mas frequentemente não podem dar razão do seu juízo e dizem a quem os interroga que naquilo que não agrada falta um não sei o quê [*nescio quid*]").

Todavia, é precisamente esse sentido vazio que, no curso do século XVIII, adquire uma posição sempre mais axial no debate intelectual. Se se escolhe como campeão exemplar da vasta tratadística setecentista sobre o gosto o artigo inacabado que Montesquieu tinha escrito para a *Encyclopédie*, vê-se que Montesquieu apreende aqui, com a sua costumaz perspicácia, as duas características essenciais desse outro saber: "O gosto natural – ele escreve, por um lado – não é uma ciência teórica; é a aplicação pronta e requintada de regras que nem sequer conhecemos" (Montesquieu, 1755, p. 735).[24] "O gosto – ele afirma, por outro lado – não é outra coisa senão a prerrogativa de descobrir, com fineza e prontidão, a medida do prazer que cada coisa deve dar aos homens" (*ibidem*, p. 734).[25] Ele insiste muitas vezes sobre essas características que fazem do gosto algo como o conhecimento

---

[24] "*Mais le goût naturel n'est pas une connaissance de théorie; c'est une application prompte et exquise des règles mêmes que l'on ne connaît pas.*" [Trad. bras.: MONTESQUIEU, C. Gosto (Gramática, Literatura e Filosofia). In: DIDEROT, D.; D'ALEMBERT, J. R. *Enciclopédia ou Dicionário razoado das ciências, das artes e dos ofícios*. Vol. 2: O Sistema dos conhecimentos. Org. Pedro Paulo Pimenta, Maria das Graças de Souza. Trad. Pedro Paulo Pimenta, Maria das Graças de Souza e Luís Fernandes do Nascimento. São Paulo: Editora Unesp, 2015. p. 307.] (N.T.)

[25] "*le goût, qui n'est autre chose que l'avantage de découvrir avec finesse et avec promptitude la mesure du plaisir que chaque chose doit donner aux hommes.*" [Trad. bras.: *Id., Ibid.*, p. 305.](N.T.)

do prazer e o prazer do conhecimento; e, em uma passagem significativa, acenando para o caráter arbitrário da constituição do homem ("O nosso modo de ser é totalmente arbitrário; poderíamos ter sido feitos assim como somos ou diversamente: se tivéssemos sido feitos diversamente, teríamos sentido diversamente" [*ibidem*][26]), ele sugere que, se a alma não tivesse sido unida ao corpo, conhecimento e prazer não teriam sido separados: "Se a nossa alma não fosse unida ao corpo, ela conheceria; mas provavelmente aquilo que ela conhecesse lhe daria prazer: no entanto, nos dá prazer quase somente aquilo que não conhecemos" (*ibidem*).[27]

Nessa perspectiva, o gosto aparece como um sentido supranumerário, que não pode encontrar lugar na divisão metafísica entre sensível e inteligível, mas cujo excesso define o estatuto particular do conhecimento humano. Por isso, os filósofos que tentam descrever o gosto acabam por se encontrar na situação do imaginário viajante da *Histoire comique des États et Empires de la Lune* (1649), de Cyrano de Bergerac, a quem um habitante da Lua tenta explicar o que ele percebe através dos seus sentidos:

> No Universo há talvez um milhão de coisas que, para serem conhecidas, requereriam em vós um milhão

---

[26] "*Notre manière d'être est entièrement arbitraire; nous pouvions avoir été fait comme nous sommes ou autrement; mais si nous avions été fait autrement, nous aurions senti autrement;*" [Trad. bras.: *Id.*, *Ibid.*, p. 306.] (N.T.)

[27] "*Si notre âme n'avait point été unie au corps, elle aurait connu; mais il y a apparence qu'elle aurait aimé ce qu'elle aurait connu: à présent nous n'aimons presque que ce que nous ne connaissons pas.*" [Trad. bras.: *Id.*, *Ibid.*, p. 306.] (N.T.)

> de órgãos diferentes entre si [...] se eu quisesse explicar-vos o que percebo com os sentidos que vos faltam, vós vo-lo representaríeis como algo que pode ser ouvido, visto, tocado, cheirado ou saboreado, e todavia o que percebo com os sentidos que vos faltam não é nada disso.[28]

Um tal sentido, que falta (ou supranumerário), é o gosto, o qual só pode ser descrito por metáfora; um sentido verdadeira e propriamente antimetafísico, que permite o que, por definição, é impossível: o conhecimento da aparência sensível (do belo enquanto "o que é mais aparente") como verdadeira e a percepção da verdade como aparência e prazer.

Se agora examinamos a outra face desse sentido supranumerário, isto é, o belo que constitui o seu objeto, vê-se que, na tratadística dos séculos XVII e XVIII, ele se constitui, em perfeita simetria com o conceito de gosto, como um significante excessivo, que não pode ser adequadamente percebido por nenhum sentido nem preenchido por nenhum conhecimento. A teoria do *não sei o quê*, que, já a partir da segunda metade do século XVII, domina o debate sobre o belo, constitui, desse ponto de vista, o ponto de convergência da doutrina do belo e da doutrina do gosto.

---

28 "*il y a dans l'univers un million peut-être de choses qui, pour être connues, demanderaient en vous un million d'organes tous différents. [...] si je voulais vous expliquer ce que j'aperçois par les sens qui vous manquent, vous vous le représenteriez comme quelque chose qui peut être ouï, vu, touché, fleuré, ou savouré, et ce n'est rien cependant de tout cela.*" [Ed. bras.: BERGERAC, Cyrano de. *Viagem à lua*. São Paulo: Globo, 2007.] (N.T.)

> Em muitas produções não apenas da natureza – escreve o padre Feijoo[29] no seu *El no se qué* (1733) –, mas também da arte, e talvez da arte mais do que da natureza, os homens encontram, além daquelas perfeições que são objeto da sua compreensão racional, um outro gênero de misteriosa excelência que, lisonjeando o gosto, atormenta o intelecto. Os sentidos o apalpam, mas a razão não pode dissipá-la, e assim, procurando explicá-la, não se encontram nem palavras nem conceitos que correspondam à sua ideia, e nos livramos da dificuldade dizendo que há um não sei o quê que agrada, que enamora, que encanta, sem que seja possível encontrar uma explicação mais clara desse mistério natural (Croce, 1902, p. 219).

E Montesquieu, vinculando o "não sei o quê" como *charme invisible*[30] à surpresa ("Às vezes nas pessoas ou nas coisas há uma atração invisível, uma graça natural que ninguém soube definir, e que se chamou 'um não sei o quê'. Parece-me que seja um efeito principalmente fundado na surpresa" [Montesquieu, 1755, p. 745]),[31] acaba implicitamente identificando a beleza e o prazer

---

[29] Benito Jerónimo Feijoo y Montenegro (1676-1764), ensaísta espanhol. (N.T.)

[30] Em francês no original. Tradução: *charme invisível*. (N.T.)

[31] "*Il y a quelquefois dans les personnes ou dans les choses un charme invisible, une grâce naturelle, qu'on n'a pu définir, et qu'on a été forcé d'appeler le je ne sais quoi. Il me semble que c'est un effet naturellement fondé sur la surprise.*" [Trad. bras.: MONTESQUIEU, C. Gosto (Gramática, Literatura e Filosofia). In: DIDEROT, D.; D'ALEMBERT, J. R. *Enciclopédia ou Dicionário razoado das ciências, das artes e dos ofícios*. Vol. 2: O Sistema dos conhecimentos. Org. Pedro Paulo Pimenta, Maria das Graças de Souza. Trad. Pedro Paulo Pimenta, Maria das Graças de Souza e Luís Fernandes do Nascimento. São Paulo: Editora Unesp, 2015. p. 316.] (N.T.)

que deriva dela com a pura e simples percepção de uma inadequação entre o conhecimento e o seu objeto. Pois, segundo a formulação do tratado *Les passions de l'âme* (1649) de Descartes, a admiração, definida como a primeira das paixões, não é senão uma paixão vazia, que não tem outro conteúdo senão a percepção de uma distância e de uma diferença entre o objeto e o nosso conhecimento:

> Quando, vendo um objeto pela primeira vez, nos surpreendemos, ou o julgamos novo, ou muito diferente do que conhecíamos anteriormente, ou do que supúnhamos que ele devesse ser, então nós o admiramos e nos espantamos com ele; e, uma vez que isso pode acontecer antes que nos demos conta minimamente se o objeto nos convém ou não, a admiração me parece a primeira de todas as paixões: e ela não tem o seu contrário, porque, se o objeto que se nos apresenta não tem em si nada que nos surpreenda, nós não somos de modo algum por ele perturbados, e o consideramos sem paixão (Descartes, 1649, p. 436).[32]

---

[32] "*Lorsque la première rencontre de quelque objet nous suprend, et que nous le jugeons être nouveau, ou fort différent de ce que nous connaissons auparavant ou bien de ce que nous supposions qu'il devait être, cela fait que nous l'admirons et en sommes étonnés. Et parce que cela peut arriver avant que nous connaissions aucunement si cet objet nous est convenable ou s'il ne l'est pas, il me semble que l'admiration est la première de toutes les passions. Et elle n'a point de contraire, à cause que, si l'objet qui se présente n'a rien en soi qui nous surprenne, nous n'en sommes aucunement émus et nous le considérons sans passion*" (DESCARTES, René. Les passions de l'âme. In: *Oeuvres philosophiques*. Tome III (1643-1650). Textes établis, présentés et annotés para Ferdinand Alquié. Paris: Bordas/Classiques Garnier,1989. p. 998-999). [Trad. bras.: DESCARTES, René. As paixões da alma. In: *Discurso do método; Meditações; Objeções e respostas; As paixões da alma;*

Nessa perspectiva, o belo, como objeto do gosto, acaba por se assemelhar cada vez mais ao objeto da surpresa, que Descartes, com expressão significativa, definia precisamente como *cause libre*[33]: um objeto vazio, um puro significante que nenhum significado preencheu ainda.

No artigo sobre o belo que Diderot escreveu para a *Encyclopédie*, a purificação e o esvaziamento da ideia de beleza de todo possível conteúdo é levada até o extremo. Diderot define, de fato, o belo como "tudo o que contém algo que permita suscitar na minha mente a ideia de relações"[34] (Diderot, 1751, p. 236). Essa ideia de relação não remete, porém, a nenhum conteúdo ou significado preciso ("Quando digo: tudo aquilo que suscita em nós a ideia de relações, não quero dizer que, para definir um ser como belo, seja necessário avaliar exatamente o tipo de relações que aí subsistem"[35] [*ibidem*, p. 236-237]) nem lembra de modo algum a ideia de proporção da estética clássica: ela não é senão a pura ideia de relação em si e

---

Cartas. Trad. J. Guinsburg e Bento Prado Júnior. São Paulo: Abril Cultural, 1973. p. 252. (Coleção Os Pensadores).] (N.T)

33 Em francês no original. Tradução: *causa livre*. (N.T.)

34 "*tout ce qui contient en soi de quoi réveiller dans mon entendement l'idée de rapports*." [Trad. bras.: MONTESQUIEU, C. Gosto (Gramática, Literatura e Filosofia). In: DIDEROT, D.; D'ALEMBERT, J. R. *Enciclopédia ou Dicionário razoado das ciências, das artes e dos ofícios*. Vol. 2: O Sistema dos conhecimentos. Org. Pedro Paulo Pimenta, Maria das Graças de Souza. Trad. Pedro Paulo Pimenta, Maria das Graças de Souza e Luís Fernandes do Nascimento. São Paulo: Editora Unesp, 2015. p. 206.] (N.T.)

35 "*Quand je dis, tout ce qui réveille en nous l'idée de rapports, je n'entends pas que, pour appeler un être beau, il faille apprécier quelle est la sorte de rapports qui y règne*." [Trad. bras.: *ibidem*, p. 206.] (N.T.)

para si, o puro remetimento de uma coisa a outra; em outras palavras, o seu caráter *significante, independentemente de qualquer significado concreto*, que Diderot pode, não por acaso, exemplificar com as relações de parentesco, isto é, com algo que introduz o indivíduo em uma série de relações significantes puramente formais.

> A relação em geral é uma operação mental que considera seja um ser, seja uma qualidade, enquanto este ser ou esta qualidade supõem a existência de um outro ser ou de uma outra qualidade. Exemplo: quando digo que Pedro é um bom pai, considero nele uma qualidade que pressupõe a existência de uma outra, a do filho; e assim para as outras relações, quaisquer que sejam (*ibidem*, p. 241).[36]

Com um audacioso excurso antropológico, Diderot remete a origem da ideia de relação (e portanto do belo) ao problema da origem e do desenvolvimento do conhecimento humano enquanto capacidade de perceber uma significação:

> Mas, assim que o exercício das nossas faculdades intelectuais e a necessidade de prover as nossas necessidades com invenções, máquinas etc, tinham produzido, no nosso entendimento, as noções de ordem, relação, proporção, ligação, conexão, simetria, nós nos encontramos cercados por seres nos quais as mesmas noções eram, por assim dizer, repetidas ao infinito; não pudemos dar um passo no universo sem que algum

[36] "*Le rapport en général est une opération de l'entendement, qui considère soit un être, soit une qualité, en tant que cet être ou cette qualité suppose l'existence d'un autre être ou d'une autre qualité. Exemple: quand je dis que Pierre est un bon père, je considère en lui une qualité qui suppose l'existence d'une autre, celle de fils; et ainsi des autres rapports, tels qu'ils puissent être.*" [Trad. bras.: *ibidem*, p. 210.] (N.T.)

fenômeno as evocasse; entraram nas NOSSAS almas a todo instante e de toda parte (*ibidem*, p. 234-235).[37]

Enquanto Diderot definia desse modo o belo como um significante excedente (e, implicitamente, o gosto como o sentido da significação), Rousseau, no *Essai sur l'origine des langues* (1781), separava de modo análogo nas nossas sensações e percepções o que se relaciona com a ação física dos objetos sobre os sentidos do seu poder enquanto signos, e reconduzia o prazer que nos causa o belo exclusivamente a este segundo aspecto:

> O homem é modificado pelos sentidos, ninguém duvida disso; mas não podendo distinguir as modificações, nós confundimos as suas causas; nós atribuímos influência demais ou de menos às sensações; e não vemos que frequentemente elas não nos impressionam somente como sensações, mas como signos ou imagens... (ROUSSEAU, 1781, p. 290).[38]

---

[37] "*Mais à peine l'exercice de nos facultés intellectuelles, et la nécessité de pourvoir à nos besoins par des inventions, des machines, &c. eurent-ils ébauché dans notre entendement les notions d'ordre, de rapports, de proportion, de liaison, d'arrangement, de symmétrie, que nous nous trouvâmes environnés d'êtres où les mêmes notions étoient, pour ainsi dire, répétées à l'infini; nous ne pûmes faire un pas dans l'univers sans que quelque production ne les réveillât; elles entrèrent dans notre âme à tout instant et de tous côtés;*" [Trad. bras.: *ibidem*, p. 205]. (N.T.)

[38] "*L'homme est modifié par ses sens, personne n'en doute; mais faute de distinguer les modifications, nous en confondons les causes; nous donnons trop et trop peu d'empire aux sensations; nous ne voyons pas que souvent elles ne nous affectent point seulement comme sensations, mais comme signes ou images...*" [Trad. bras.: ROUSSEAU, J.- J. *Ensaio sobre a origem das línguas*. Trad. Fulvia M. L. Moretto. Campinas: Editora da Unicamp, 1998. p. 163: "o homem é modificado pelos próprios sentidos, disso ninguém duvida; porém, não podendo distinguir as modificações, confundimos suas causas; damos demasiado e demasiadamente pouco poder às sensações; não vemos

> Enquanto não quisermos considerar os sons senão pelas vibrações que excitam nos nossos nervos, não teremos de modo algum os verdadeiros princípios da música e do seu poder sobre os corações. Os sons, na melodia, não agem somente sobre nós como sons, mas como signos... Quem, portanto, quer filosofar sobre o poder das sensações, comece por excluir, das impressões puramente sensíveis, as impressões intelectuais e morais que nós recebemos pela via dos sentidos, mas das quais eles não são senão as causas ocasionais... As cores e os sons podem muito enquanto representações e signos, pouco enquanto simples objetos dos sentidos (*ibidem*, p. 300-303).[39]

Na sua formulação mais radical, a reflexão setecentista sobre o belo e sobre o gosto culmina assim no

---

que com frequência elas não nos afetam apenas como sensações, mas como sinais ou imagens...”]. (N.T.)

[39] “*Tant qu'on ne voudra considérer les sons que par l'ébranlement qu'ils excitent dans nos nerfs, on n'aura point des vrais principes de la musique et de son pouvoir sur les coeurs. Les sons, dans la mélodie, n'agissent pas seulement sur nous comme sons, mais comme signes... Que celui donc qui veut philosopher sur la force des sensations commence par écarter des impressions purement sensuelles, les impressions intellectuelles et morales que nous recevons par la voie des sens, mais dont ils ne sont que les causes occasionelles... Les couleurs et les sons peuvent beaucoup comme représentations et signes, peu de chose comme simples objets des sens.*” [Trad. bras.: *ibidem*, p. 171 e 173: “Enquanto se quiser considerar os sons somente através da emoção que excitam em nossos nervos, não teremos verdadeiros princípios da música e de seu poder sobre os corações. Os sons, na melodia, não agem apenas como sons, mas como sinais... Que aquele, portanto, que deseje filosofar sobre a força das sensações comece por afastar das impressões puramente sensuais as impressões intelectuais e morais que recebemos através dos sentidos mas doas quais são apenas ocasionais... As cores e os sons têm muito poder enquanto representações e signos, pouco poder como simples objetos dos sentidos”.] (N.T.)

remetimento a um *saber* do qual não se pode dar razão, porque ele se sustenta em um puro significante (*Unbezeichnung*, "ausência de significado", assim Winkelmann definirá a beleza), e a um *prazer* que permite julgar, porque se sustenta não em uma realidade substancial, mas naquilo que, no objeto, é pura significação.

4. O conhecimento excedente

É na *Crítica do juízo* de Kant (1790) que a concepção do belo como significante excedente e do gosto como saber/prazer desse significante encontra a sua expressão mais rigorosa. De fato, desde as primeiras páginas, Kant define o prazer estético como um excesso da representação sobre o conhecimento:

> Mas aquele elemento subjetivo de uma representação que não pode ser elemento de conhecimento é o prazer ou o desprazer ligados à própria representação: pois com um ou com o outro eu não conheço nada do objeto representado [...] Quando o prazer está ligado à simples apreensão (*apprehensio*) da forma de um objeto da intuição, sem relação desta com um conceito em vista de um conhecimento determinado, a representação não está relacionada ao objeto, mas unicamente ao sujeito; e o prazer não pode expressar outra coisa senão o acordo do objeto com as faculdades cognoscitivas que estão em jogo no Juízo reflexivo, e somente enquanto elas estão em jogo nele, portanto, pode expressar apenas uma finalidade subjetiva formal do objeto [...] Isto é, julga-se a forma do objeto (não o elemento material da sua representação, como sensação) na simples reflexão sobre ela – sem visar um conceito que se poderia obter dele – como o fundamento de

um prazer na representação[40] de um tal objeto; e esse prazer é julgado[41] como também conectado com tal representação de modo necessário, e portanto não apenas para o sujeito que apreende essa forma, mas para todo sujeito que julga em geral. O objeto então se chama belo, e a faculdade de julgar mediante tal prazer (e, por consequência, universalmente) se chama gosto[42] (Kant, 1790, p. 30-31).

---

40 No original, em italiano, lê-se: *per la representazione*. Mas, como no original, em alemão, encontramos *an der Vorstellung*, optamos por traduzir por "na representação", corrigindo a tradução italiana de Kant citada por Agamben. (N.T.)

41 Também aqui modificamos levemente a tradução italiana citada por Agamben. (N.T)

42 "*Dasjenige Subjektive aber an einer Vorstellung, was gar kein Erkenntnisstück werden kann, ist die mit ihr verbundene Lust oder Unlust; denn durch sie erkenne ich nichts an dem Gegestande der Vorstellung, [...] Wenn mit der blossen Auffassung (aprehensio) der Form eines Gegenstandes der Anschauung, ohne Beziehung derselben auf einen Begriff zu einem bestimmten Erkenntnis, Lust verbunden ist: so wird die Vorstellung dadurch nicht auf das Objekt, sondern lediglich auf das Subjekt bezogen; und die Lust kann nichts anders als die Angemessenheit desselben zu den Erkenntnisvermögen, die in der reflektierenden Urteilskraft im Spiel sind, und sofern sie darin sind, also bloss eine subjektive formale Zweckmässigkeit des Objekts ausdrücken. [...] Wessen Gegenstandes Form (nicht das Materielle seiner Vorstellung, als Empfindung) in der blossen Reflexion über dieselbe (ohne Absicht auf einen von ihm zu erwerbenden Begriff) als der Grund einer Lust an der Vorstellung eines solchen Objekts beurteilt wird: mit dessen Vorstellung wird diese Lust auch als notwendig verbunden geurteilt, folglich als nicht bloss für das Subjekt, welches diese Form auffasst, sondern für jeden Urteilenden überhaupt. Der Gegenstand hesst alsdann schön; und das Vermögen, durch eine solche Lust (folglich auch allgemeingültig) zu urteilen, der Geschmack*" (KANT, Immanuel. *Kritik der Urteilskraft*. Frankfurt am Main: Suhrkamp, 2014. p. 99-101). [Trad. bras.: KANT, Immanuel. *Crítica da faculdade do juízo*. 2. ed. Trad. Valerio Rohden e António Marques. Rio de Janeiro: Forense Universitária, 2010. p. 33-34]. (N.T.)

A perspectiva da estética tradicional, que vê no gosto uma forma de conhecimento ao lado do lógico, impediu frequentemente que se visse aquilo que Kant afirma aqui com absoluta clareza, isto é, que o belo é uma excedência da representação sobre o conhecimento e que é precisamente essa excedência que se apresenta como prazer. Por isso, na sua tripartição das faculdades da alma ("Todas as faculdades ou capacidades da alma podem ser, na verdade, reconduzidas a estas três, que não se deixam mais, por sua vez, derivar desde um fundamento comum: a faculdade de conhecer, o sentimento do prazer e do desprazer e a faculdade de desejar" [*ibidem*, p. 16]),[43] Kant não consegue atribuir aos juízos de gosto um lugar preciso, mas afirma que eles "revelam uma imediata relação da faculdade de conhecer com o sentimento de prazer ou desprazer"[44] e que, antes, "essa relação é precisamente o que há de enigmático no princípio da faculdade de juízo" (*ibidem*, p. 6).[45] O juízo de gosto é, em outras palavras, uma excedência do saber, que não conhece (um "juízo com o qual não se conhece nada"), mas se apresenta como prazer, e uma excedência do prazer que não goza ("A comunicabilidade universal de um prazer – escreve

---

[43] "*Denn alle Seelenvermögen, oder Fähigkeiten, können auf die drei zurück geführt werden, welche sich nicht ferner aus einem gemeinschftlichem Grunde ableiten lassen: das Erkenntnisvermögen, das Gefühl des Lust und Unlust, und das Begehrungsvermögen*" (*ibidem*, p. 85). [Trad. bras.: *ibidem*, p. 21.] (N.T.)

[44] "*beweisen eine unmittelbare Beziehung dieses Vermögen [Erkenntnisvermögen] auf das Gefühl der Lust oder Unlust*" (*ibidem*, p. 75). [Trad. bras.: *ibidem*, p. 13.] (N.T.)

[45] "*die [Beziehung] gerade das Rätselhafte in dem Prinzip der Urteilskraft ist*", *ibidem*, p. 76. [trad. bras.: *ibidem*, p. 14]. (N.T.)

Kant – implica já no seu conceito que o prazer mesmo não deva ser de fato gozo" [*ibidem*, p. 164]),[46] mas se apresenta como saber. Mas, precisamente por essa situação fundamentalmente híbrida, ele é o termo médio que "efetua a passagem da pura faculdade de conhecer, vale dizer, do domínio dos conceitos da natureza, ao domínio dos conceitos da liberdade; do mesmo modo como, no uso lógico, torna possível a passagem do entendimento à razão" (*ibidem*, p. 18).[47] A esse estatuto híbrido do gosto correspondem pontualmente tanto a impossibilidade, para Kant, de definir o belo a não ser através de uma série de determinações puramente negativas (*prazer sem interesse; universalidade sem conceito; finalidade sem escopo*) quanto a de resolver de modo convincente a antinomia do gosto, que, na segunda seção da *Crítica do juízo*, ele tinha formulado deste modo:

> 1. Tese: o juízo de gosto não se funda em conceitos, porque, caso contrário, sobre ele se poderia disputar.
>
> 2. Antítese: o juízo de gosto se funda em conceitos, porque, caso contrário, não se poderia nem mesmo discutir, qualquer que fosse a diversidade de juízos (não se poderia pretender ter a necessária aprovação de outrem)(*ibidem*, p. 201).[48]

---

46 "*Die allgemeine Mitteilbarkeit einer Lust führt es schon in ihrem Begriffe mit sich, dass diese nicht eine Lust des Genusses, [...] sein müsse*;" *ibidem*, p. 240. [trad. bras.: *ibidem*, p. 151]. (N.T.)

47 "*eben so wohl einen Übergang von reinen Erkenntnisvermögen, d. i. vom Gebiete der Naturbegriffe zum Gebiete des Freiheitsbegriffs, bewirken werde, als sie im logischen Gebrauche den Übergang vom Verstande zur Vernunft möglich macht.*" *ibidem*, p. 87. [trad. bras.: *ibidem*, p. 23]. (N.T.)

48 "*1) Thesis. Das Geschmacksurteil gründet sich nicht auf Begriffen; denn sonst liesse sich darüber disputieren (durch Beweise entscheiden).*

Que a tentativa de resolver essa antinomia colocando no fundamento do juízo estético um "conceito com o qual não se conhece nada" não seja satisfatória, é demonstrado pelo fato de que o próprio Kant se viu constrangido a se referir a um fundamento suprassensível e a admitir, no fim das contas, que as fontes do juízo de gosto permanecem desconhecidas para nós:

> Ora, toda contradição cai quando eu digo: o juízo de gosto se funda em um conceito (de um fundamento em geral da finalidade subjetiva da natureza em relação ao juízo), em um conceito através do qual, é verdade, nada pode ser conhecido e provado com respeito ao objeto, porque ele é em si indeterminável e inútil ao conhecimento; que, todavia, dá ao juízo validade para qualquer um (permanecendo em cada um o juízo singular, imediatamente concomitante à intuição); porque, talvez, o princípio determinante do juízo esteja no conceito do que pode ser considerado como o substrato suprassensível da humanidade [...] Somente o princípio subjetivo, isto é, a ideia indeterminada do suprassensível em nós, pode ser mostrado como a única chave para explicar essa nossa faculdade cujas fontes permanecem desconhecidas para nós; mas não é possível torná-la compreensível de outro modo (*ibidem*, 202-203).[49]

---

2) Antithesis. Das Geschmacksurteil gründet sich auf Begriffen; denn sonst liesse sich, ungeachtet der Verschiedenheit desselben, darüber auch nicht einmal streiten (auf die notwendige Einstimmung anderer mit diesem Urteile Anspruch machen)" (*ibidem*, p. 279). [Trad. bras.: *ibidem*, p. 183]. (N.T.)

[49] "*Nun fällt aber aller Widerspruch weg, wenn ich sage: das Geschmacksurteil gründet sich auf einem Begriffe (eines Grundes überhaupt von der subjektiven Zweckmässigkeit der Natur für die Urteilskraft), aus dem aber nichts in Ansehung des Objekts erkannt und bewiesen werden kann, weil er an sich unbestimmbar und zum Erkenntnis untauglich ist; es bekommt*

Pouco depois, Kant precisa o caráter dessa ideia estética definindo-a mais uma vez como uma imagem excedente, isto é, uma representação que não pode ser salva nos conceitos, assim como as constelações bordadas no céu não podiam ser salvas na *epistēmē* platônica:

> Assim como, em uma ideia da razão, a imaginação com as suas intuições não alcança o conceito dado, do mesmo modo, em uma ideia estética o entendimento, com os seus conceitos, não alcança jamais a inteira intuição íntima da imaginação, que ela liga a uma representação dada. Ora, uma vez que chamamos de expor o conduzir uma representação da imaginação aos conceitos, a ideia estética pode ser chamada de uma representação inexponível da imaginação (no seu livre jogo) (*ibidem*, p. 206).[50]

Nessas palavras de Kant ainda está presente em toda a sua enigmaticidade a original fundação platônica da ideia através da diferença-unidade entre beleza e verdade.

---

aber durch eben denselben doch zugleich Gültigkeit für jedermann (bei jedem zwar als einzelnes, die Anschauung unmittelbar begleitendes, Urteil): weil der Bestimmungsgrund desselben vielleicht im Begriffe von demjenigen liegt, was als das übersinnliche Substrat der Menschheit angesehen werden kann. [...] Das subjektive Prinzip, nämlich die unbestimmte Idee des übersinnlichen in uns, kann nur als der einzige Schlüssel der Enträtselung dieses uns selbst seinen Quellen nach verborgenen Vermögens angezeigt, aber durch nicht weiter begriflich gemacht werden" (*ibidem*, p. 281-282). [Trad. bras.: *ibidem*, p. 185-186]. (N.T.)

50 "*So wie an einer Vernunftidee die Einbildungskraft, mit ihren Anschauungen, den gegebenen Begriff nicht erreicht: so erreicht bei einer ästhetischen Idee der Verstand, durch seine Begriffe, nie die ganzer innere Anschauung der Einbildungskraft, welche sie mit einer gegebenen Vorstellung verbindet. Da nun eine Vorstellung der Einbildungskraft auf Begriffe bringen so viel heisst, als sie exponieren: so kann die ästhetische Idee eine inexponible Vorstellung derselben (in ihren freien Spiele) genannt werden*" (*ibidem*, p. 285). [Trad. bras.: *ibidem*, p. 188]. (N.T.)

Assim como a ideia platônica, do mesmo modo também a ideia estética kantiana está toda contida no jogo entre uma possibilidade e uma impossibilidade de ver (imaginar), entre uma possibilidade e uma impossibilidade de conhecer. A ideia é um conceito que não se pode exibir ou uma imagem que não se pode expor. A excedência da imaginação sobre o entendimento funda a beleza (a ideia estética), assim como a excedência do conceito sobre a imagem funda o domínio do suprassensível (a ideia da razão).

Por isso, no final da segunda seção da primeira parte da *Crítica do juízo*, o belo se apresenta como "símbolo da moralidade" e o juízo de gosto remete "a algo que está no próprio sujeito e fora dele, que não é nem natureza nem liberdade, mas está ligado com o princípio desta última, vale dizer, com o suprassensível, no qual a faculdade teorética e a prática se unem em uma maneira comum, mas desconhecida"[51] (*ibidem*, p. 217). Neste remetimento do gosto ao suprassensível, cumpre-se mais uma vez o projeto platônico de "salvar os fenômenos".

Mas, diferentemente da estética, que nesses mesmos anos estava se constituindo como *scientia cognitionis sensitivae*, o estatuto da ideia kantiana exclui (como já em Platão) que possa haver uma ciência do belo:

> Não há uma ciência do belo, mas apenas crítica, nem belas ciências, mas apenas belas artes. Pois,

[51] "*auf etwas im Subjekte selbst und ausser ihm, was nicht Natur, auch nicht Freiheit, doch aber mit dem Grunde der letzteren, nämlich dem Übersinnlichen verknüpft ist, bezogen, in welchem das theoretische Vermögen mit dem praktischen, auf gemeinschaftliche und unbekannte Art, zur Einheit verbunden wird*" (*ibidem*, p. 297). [Trad. bras.: *ibidem*, p. 198]. (N.T.)

> se houvesse uma ciência do belo, nela deveria ser decidido cientificamente, isto é, com argumentos, se uma coisa deve ser tida por bela ou não; assim, o juízo sobre a beleza, pertencendo à ciência, não seria nenhum juízo de gosto. No que concerne às ciências belas, é um contrassenso uma ciência que, enquanto tal, deve ser bela. Porque se a ela, enquanto ciência, se pedisse uma resposta com princípios e demonstrações, ela responder-nos-ia com sentenças de bom gosto (*bon mots*) (*ibidem*, p. 163).[52]

5. Para além do sujeito do saber

Nas páginas precedentes, o conceito de gosto foi interrogado como a cifra na qual a cultura ocidental fixou a ideia de um saber que se apresenta como o conhecimento mais pleno no instante mesmo em que se sublinha a sua impossibilidade. Um tal saber, no qual viria a suturar-se a cisão metafísica entre sensível e inteligível, é, de fato, um saber que o sujeito propriamente não sabe, porque não pode dar a sua razão, um sentido faltante ou excessivo, que se situa na interferência entre conhecimento e prazer (daí a sua designação metafórica com o nome do sentido mais opaco), cuja falta ou cujo

[52] "*Es gibt weder eine Wissenschaft des Schönen, sondern nur Kritik, noch schöne Wissenschaft, sondern nur schöne Kunst. Denn was die erstere betrifft, so würde in ihr wissenschaftlich, d. i. durch Beweisgründe ausgemacht werden sollen, ob etwas für schön zu halten sei oder nicht; das Urteil über Schönheit würde also, wenn es zur Wissenschaft gehörte, kein Geschmacksurteil sein. Was das zweite anlangt, so ist eine Wissenschaft, die, als solche, schön sein soll, ein Unding. Denn, wenn man in ihr als Wissenschaft nach Gründen un Beweisen fragte, so würde man durch geschmackvolle Aussprüche (Bonmots)* abgefertigt" (*ibidem*, p. 239). [Trad. bras.: *ibidem*, p. 150-151]. (N.T.)

excesso definem porém de modo essencial o estatuto da ciência (entendida como saber que se sabe, do qual se pode dar razão e que pode por isso ser apreendido e transmitido) e o estatuto do prazer (entendido como um ter sobre o qual não se pode fundar um saber).

O objeto e o fundamento desse saber que o sujeito não sabe é designado como beleza, isto é, como algo que, segundo a concepção platônica, dá-se a ver (*tò kállos*, "o belo", é a coisa mais aparente, *ekphanéstaton*), mas do qual não é possível a ciência, apenas o amor; e era, na verdade, precisamente a experiência dessa impossibilidade de apreender o objeto da visão como tal (de "salvar o fenômeno") que tinha levado Platão a configurar o ideal do conhecimento não como um "saber" em sentido etimológico (uma *sophía*), mas como um desejo de saber (uma *philo-sophía*). O fato de que haja a beleza, de que haja uma excedência do fenômeno sobre a ciência, equivale a dizer: há um saber que o sujeito não sabe, mas que ele pode apenas desejar, ou seja: há um sujeito do desejo (um *philósophos*), mas não um sujeito do conhecimento (um *sophós*). Toda a teoria do Eros em Platão está voltada precisamente a fazer com que se comuniquem esses dois sujeitos divididos.

Por isso, com razão Platão podia estabelecer uma proximidade entre o saber de amor e a adivinhação, a qual pressupunha um saber escondido nos signos, que não pode ser sabido, mas apenas reconhecido: "isso significa aquilo" (como os mais antigos textos divinatórios enunciam no puro vínculo gramatical entre uma prótase e uma apódose: "se... então..."), sem que exista um sujeito para esse saber, nem qualquer outro significado senão o reconhecimento de que "há um significante", "há uma significação". O que o adivinhante sabe é, precisamente, que há um saber que ele não sabe (daí a aproximação com a *manía* e com o entusiasmo); e é esse saber que Sócrates parafraseará identificando em um "não-saber" o conteúdo do próprio saber e colocando em um *daímōn*, isto é, em um "outro" por excelência, o sujeito do saber que ele profere (no *Crátilo*, a palavra *daímōn* é aproximada a *daēmōn*, "aquele que sabe"). A pergunta última à qual o belo (e o gosto como "saber do belo") remete é, portanto, uma pergunta sobre o sujeito do saber: quem é o sujeito do saber? Quem sabe?

Ocorreu-nos muitas vezes, no curso deste estudo, explicitando ideias já formadas pelos teóricos do belo e do gosto dos séculos XVII e XVIII (em particular por Diderot), servir-mo-nos da expressão "significante excedente". Essa expressão provém de uma teoria do conhecimento que foi elaborada no âmbito da antropologia, mas cuja relevância para uma reflexão sobre a estética não escapou ao próprio autor: referimo-nos à teoria da significação que Lévi-Strauss desenvolve a propósito do conceito de *mana* na sua *Introduction à l'oeuvre de Marcel Mauss* (1950).

Como é sabido, Lévi-Strauss postula uma relação de inadequação fundamental entre a significação e o conhecimento, que se traduz em uma irredutível excedência do significante em relação ao significado, cuja causa está inscrita na origem mesma do homem enquanto *Homo sapiens*:

> As coisas não puderam passar a significar progressivamente. Em consequência de uma transformação cujo estudo não é da competência das ciências sociais, mas da biologia e da psicologia, se verificou

uma passagem de um estágio, no qual nada tinha um sentido, a um outro, no qual todas as coisas tinham um. Essa observação, em aparência banal, é importante, porque essa mudança radical não tem contrapartida no campo do conhecimento, o qual, ao contrário, é submetido a uma elaboração lenta e progressiva. Em outras palavras, no momento em que o Universo inteiro, de um só golpe, se tornou *significativo*, nem por isso ele se tornou mais bem *conhecido*, mesmo que seja verdade que o aparecimento da linguagem deveria precipitar o ritmo do desenvolvimento do conhecimento. Existe, portanto, uma oposição fundamental, na história do espírito humano, entre o simbolismo, que oferece um caráter de descontinuidade, e o conhecimento, marcado pela continuidade. O que deriva disso? O fato é que as duas categorias do significante e do significado se constituíram simultaneamente e solidariamente, como dois blocos complementares, mas o conhecimento, isto é, o processo intelectual que permite identificar, uns em relação aos outros, certos aspectos do significante e certos aspectos do significado – também se poderia dizer: escolher, no conjunto do significante e no conjunto do significado, as partes que apresentavam entre si as relações mais satisfatórias de conveniência recíproca – se pôs a caminho muito lentamente. Tudo se passou como se a humanidade tivesse adquirido de repente um imenso domínio e o seu esquema detalhado, junto com a noção da sua relação recíproca, mas tivesse precisado de milênios para aprender quais símbolos determinados do esquema representavam os diversos aspectos daquele domínio. O universo teve um significado muito antes que se soubesse o que significava; isso é pacífico. Mas, da análise precedente, resulta também que ele significou, desde o início, a totalidade do que a humanidade pode esperar conhecer. O que foi chamado de o progresso do espírito humano e, em todo caso, o progresso do conhecimento científico, não pôde e não poderá jamais consistir senão em corrigir recortes, proceder a reagrupamentos, definir pertencimentos e descobrir recursos novos no seio de uma totalidade fechada e complementar a si mesma. [...]

Podemos, portanto, esperar que a relação entre simbolismo e conhecimento conserve caracteres comuns nas sociedades não industriais e nas nossas, mesmo que com acentos diferentes. Não se cava um fosso entre umas e outras, reconhecendo que o trabalho de perequação do significante em relação ao significado foi perseguido de modo mais metódico e rigoroso a partir do nascimento, e nos limites de expansão, da ciência moderna. Mas, em qualquer outro lugar, e constantemente ainda entre nós (e certamente por um tempo longuíssimo), permanece uma situação fundamental que depende da condição humana, a saber, que o homem dispõe, desde a sua origem, de uma integralidade de significante, que o coloca em grande embaraço quando deve alocá-lo a um significado, dado como tal sem ser, por isso, conhecido. Entre os dois há sempre uma inadequação, que somente o entendimento divino poderia eliminar, e que se traduz na existência de uma superabundância do significante em relação aos significados, sobre os quais ela pode colocar-se. No seu esforço de compreender o mundo, o homem dispõe, portanto, constantemente, de uma excedência de significação (que ele reparte entre as coisas, segundo certas leis do pensamento simbólico, cujo estudo está reservado aos etnólogos e aos linguistas). Essa distribuição de uma ração suplementar – se é lícito exprimir-se assim – é absolutamente necessária para que, no todo, o significante disponível e o significado individuado permaneçam entre si na relação de complementaridade que é a condição mesma do exercício do pensamento simbólico.

Nós acreditamos que as noções do tipo *mana*, por mais diversas que possam ser, consideradas na sua função mais geral (que, como vimos, não desaparece na nossa mentalidade e na nossa forma de sociedade) representam exatamente esse *significante flutuante* que constitui a servidão de todo pensamento finito (mas também a garantia de toda arte, de toda poesia, de toda invenção mítica e estética), mesmo que a consciência científica seja capaz, se não de estancá-lo, ao menos de discipliná-lo parcialmente (Lévi-Strauss, 1950, p. L-LII).[53]

[53] "*Les choses n'ont pas pu se mettre à signifier progressivement. À la suite d'une transformation dont l'étude ne relève pas des sciences sociales, mais de la biologie et de la psychologie, un passage s'est effectué, d'un stade où rien n'avait un sens, à un autre où tout en possédait. Or, cette remarque, en apparence banale, est importante, parce que ce changement radical est sans contrepartie dans le domaine de la connaissance qui, elle, s'élabore lentement et progressivement. Autrement dit, au moment où l'Univers entier, d'un seul coup, est devenu significatif, il n'en a pas été pour autant mieux connu, même s'il est vrai que l'apparition du langage devait précipiter le rythme du développement de la connaissance. Il y a donc une opposition fondamentale, dans l'histoire de l'esprit humain, entre le symbolisme, qui offre un caractère de discontinuité, et la connaissance, marquée de continuité. Qu'en résulte-t-il ? C'est que les deux catégories du signifiant et du signifié se sont constituées simultanément et solidairement, comme deux blocs complémentaires; mais que la connaissance, c'est-à-dire le processus intellectuel qui permet d'identifier les uns par rapport aux autres certains aspects du signifiant et certains aspects du signifié – on pourrait même dire de choisir, dans l'ensemble du signifiant et dans l'ensemble du signifié, les parties qui présentent entre elles les rapports les plus satisfaisants de convenance mutuelle – ne s'est mise en route que fort lentement. Tout s'est passé comme si l'humanité avait acquis d'un seul coup un immense domaine et son plan détaillé, avec la notion de leur relation réciproque, mais avait passé des millénaires à apprendre quels symboles déterminés du plan représentaient les différents aspects du domaine. L'Univers a signifié bien avant qu'on ne commence à savoir ce qu'il signifiait ; cela va sans doute de soi. Mais, de l'analyse précédente, il résulte aussi qu'il a signifié, dès le début, la totalité de ce que l'humanité peut s'attendre à en connaître.*

Podemos, neste momento, estender as considerações de Lévi-Strauss a todo o estatuto do saber na cultura ocidental, do mundo antigo até hoje. Se retomamos, assim, nessa perspectiva, o que Platão, no fim do livro VII da *República*, afirma a propósito da astronomia enquanto *epistēmē* (isto é, como vimos, que ela não pode exaurir na sua explicação os fenômenos visíveis enquanto tais – as belas constelações bordadas no céu – mas deve, ao contrário, procurar as relações numéricas invisíveis que eles pressupõem), podemos, então, dizer que a ciência antiga deixava necessariamente livre nos fenômenos o que neles era pura aparência (isto é, puro significante), abrindo a seu lado um espaço que podia ser ocupado sem contradição pelas ciências divinatórias.

O exemplo da astronomia e da astrologia (que convivem assim pacificamente na antiguidade) é esclarecedor: a primeira se limita, de fato, a explicar os movimentos das estrelas e sua posição recíproca, de modo a "salvar as aparências" no sentido que Simplício dá a essa expressão, mas sem dar razão, como tal, das belas figuras que as estrelas desenham no céu. O fenômeno "salvo" da ciência deixa portanto, inevitavelmente, um resíduo livre, um puro significante que a astrologia pode tomar como suporte próprio e tratar como um suplemento de significação a ser distribuído a seu arbítrio.

Ce qu'on appelle le progrès de l'esprit humain et, en tout cas, le progrès de la connaissance scientifique, n'a pu et ne pourra jamais consister qu'à rectifier des découpages, procéder à des regroupements, définir des appartenances et découvrir des ressources neuves, au sein d'une totalité fermée et complémentaire avec elle-même. [...] Nous pouvons donc nous attendre à ce que la relation entre symbolisme et connaissance conserve des

Existem, assim, no mundo antigo, duas espécies de saber: um saber que se sabe, isto é, as ciências no sentido moderno, que se fundam na adequação do significante e do significado, e o saber que não se sabe, isto é, as ciências divinatórias (e as várias formas de *manía*

---

caractères communs dans les sociétés non industrielles et dans les nôtres, tout en étant inégalement marqués. Ce n'est pas creuser un fossé entre les unes et les autres que de reconnaître que le travail de péréquation du signifiant par rapport au signifié a été poursuivi de façon plus méthodique et plus rigoureuse à partir de la naissance, et dans les limites d'expansion, de la science moderne. Mais, partout ailleurs, et constamment encore chez nous-mêmes (et pour fort longtemps sans doute), se maintient une situation fondamentale et qui relève de la condition humaine, à savoir que l'homme dispose dès son origine d'une intégralité de signifiant dont il est fort embarrassé pour faire l'allocation à un signifié, donné comme tel sans être pour autant connu. Il y a toujours une inadéquation entre les deux, résorbable pour l'entendement divin seul, et qui résulte dans l'existence d'une surabondance de signifiant, par rapport aux signifiés sur lesquels elle peut se poser. Dans son effort pour comprendre le monde, l'homme dispose donc toujours d'un surplus de signification (qu'il répartit entre les choses selon des lois de la pensée symbolique qu'il appartient aux ethnologues et aux linguistes d'étudier). Cette distribution d'une ration supplémentaire – si l'on peut s'exprimer ainsi – est absolument nécessaire pour qu'au total, le signifiant disponible et le signifié repéré restent entre eux dans le rapport de complémentarité qui est la condition même de l'exercice de la pensée symbolique.

Nous croyons que les notions de type mana, aussi diverses qu'elles puissent être, et en les envisageant dans leur fonction la plus générale (qui, nous l'avons vu, ne disparaît pas dans notre mentalité et dans notre forme de société) représentent précisément ce signifiant flottant, qui est la servitude de toute pensée finie (mais aussi le gage de tout art, toute poésie, toute invention mythique et esthétique), bien que la connaissance scientifique soit capable, sinon de l'étancher, au moins de le discipliner partiellement." [Trad. bras.: LÉVI-STRAUSS, Claude. Introdução à obra de Marcel Mauss. In: MAUSS, Marcel. *Sociologia e antropologia*. 2. ed. Trad. Paulo Neves. São Paulo: Cosac Naify, 2015. p. 39-41]. Modificamos em alguns pontos a tradução italiana citada por Agamben. (N.T.)

elencadas por Platão), que se fundam, por sua vez, no significante excedente. Retomando a distinção entre *semiótico* e *semântico* que Benveniste formulou como a "dupla significação" inerente à linguagem humana, poder-se-ia definir o primeiro como saber do semântico – que tem um sujeito e do qual se pode dar razão – e o segundo como um saber do semiótico – que não tem sujeito e que se pode apenas reconhecer. Entre esses dois saberes, Platão coloca a filosofia que, por um lado, como *manía*, se aparenta à adivinhação, mas, por outro, percebendo o fenômeno como beleza, não se limita a operar uma distribuição do significante excedente, mas o salva, graças à mediação de Eros, na ideia.

A partir do século XVII, a ciência moderna estende o seu próprio território em detrimento das ciências divinatórias, que são excluídas do conhecimento. O sujeito da ciência se coloca como único sujeito do conhecimento, negando a possibilidade de um saber sem sujeito. Todavia, o declínio das ciências divinatórias não assinala de modo algum o desaparecimento do saber que não se sabe: a crescente difusão do debate sobre o *não sei o quê* e sobre o gosto a partir do século XVII e o progressivo consolidar-se da estética para todo o século XIX mostram, antes, que a ciência não pode nem colmar nem reduzir o significante excedente. Se a estética – como saber do significante excedente (do belo) – não é, desse ponto de vista, senão um sucedâneo da adivinhação, ela não é, tampouco, o único saber que, na época moderna, sucede ao eclipse das artes divinatórias. No curso do século XIX também as disciplinas filológicas tomam, de fato, consciência da própria especificidade em relação às ciências da natureza, fundando explicitamente o seu saber e o seu método em um círculo hermenêutico de tipo divinatório (o que significa, se refletimos bem, que a pergunta sobre "Quem sabe?" na leitura e interpretação de um texto – se o intérprete, o autor ou o texto mesmo – não é uma pergunta à qual seja possível responder facilmente).

Mas uma outra ciência – cujo processo de formação coincide cronologicamente com o da ciência do belo e que, a partir do século XVIII, vai conquistando uma importância crescente no sistema do saber – revela, nessa perspectiva, uma inesperada afinidade com a estética, se é verdade que o gosto não era apenas, como vimos, um saber que não se sabe, mas também um prazer que não goza, mas julga e mede. Estamos falando da economia política. Pois, assim como a estética tem por objeto o saber que não se sabe, do mesmo modo a economia política tem por objeto o prazer que não se goza. Se ela começa, de fato, ao identificar como seu âmbito próprio aquele "prazer interessado" que Kant excluía rigorosamente das fronteiras do belo, o ensinamento de Marx não foi, ao contrário, o de mostrar (colocando no centro das suas análises, no capítulo I do *Capital* [1867], a forma-valor e o caráter de fetiche da mercadoria) que ela se funda, na realidade, não tanto no valor de uso (no útil, no prazer gozado), mas no valor de troca, isto é, naquilo que no objeto não pode ser gozado nem apreendido: precisamente no prazer que não se tem? Como Simmel tinha intuído, definindo o dinheiro (com uma expressão que lembra singularmente a definição do belo de Diderot) como "pura relação sem conteúdo", a forma-valor, como o *mana* de Lévi-Strauss, é uma valor simbólico zero, um puro significante que indica simplesmente a necessidade de um conteúdo simbólico suplementar e de um prazer suplementar, cujo cálculo constitui o objeto das ciências econômicas.

A observação de Mallarmé (1897), segundo a qual a estética e a economia política são as duas únicas vias abertas para a pesquisa mental, contém então algo mais do que a indicação de uma analogia superficial: estética e economia política, *homo aestheticus* e *homo oeconomicus*, são, em certo sentido, as duas metades, as duas frações (o saber que não se sabe e o prazer que não se goza) que o gosto tinha tentado, pela última vez, manter unidas na experiência de um saber que goza e de um prazer que sabe, antes que a explosão e a liberação deles contribuíssem para colocar em movimento aqueles gigantescos fenômenos de transformação que caracterizam tão essencialmente a sociedade moderna.

No fim do século XIX, uma outra ciência vem ocupar o campo deixado livre pelas ciências divinatórias, uma ciência que – enquanto define o seu próprio âmbito com o termo "inconsciente" – se funda desde o início na suposição de que há um saber que não se sabe, mas que se revela em símbolos e em significantes. Como escreveu aquele que levou às mais extremas e rigorosas consequências o que estava implícito no original pertencimento da psicanálise ao saber do semiótico, "a análise veio nos anunciar que há um saber que não se sabe, um saber que se sustenta no significante como tal.[54] [...] O inconsciente é o testemunho de um saber

[54] "*L'analyse est venue nous annoncer qu'il y a du savoir qui ne se sait pas, un savoir qui se supporte du signifiant comme tel*" (LACAN, Jacques. *Le séminaire, livre XX: Encore*. Texte établi par Jacques-Alain Miller.

na medida em que, em grande parte, ele escapa ao ser falante"[55] (LACAN, 1975, p. 88 e 126).[56]

Se a psicanálise revela, nessa perspectiva, uma essencial proximidade com a estética (que o conceito de inconsciente apareça pela primeira vez em Leibniz nos limites daquela *cognitio sensitiva confusa* que a estética definirá como seu próprio território, é certamente uma prova dessa proximidade), não menos essencial é, porém, a sua relação com a economia política. Pois o *Es* (um pronome de terceira pessoa, isto é, um não-sujeito, dizem os linguistas), que ela coloca como sujeito do saber que não se sabe, é também o sujeito de um prazer que não se goza. Reconhecendo o inconsciente como o lugar da economia do prazer, a psicanálise se situa no limite entre estética e economia política, entre o saber que não se sabe e o prazer que não se goza, e tende a uni-los em um projeto unitário. (A ideia de "uma estética guiada pelo ponto de vista econômico",[57] que Freud formula

---

Paris: Éditions du Seuil, 1975. p. 88). [Trad. bras.: LACAN, Jacques. *O seminário, livro 20: mais, ainda.* Trad. M. D. Magno. Rio de Janeiro: Zahar, 1985. p. 129.] (N.T.)

55 "*L'inconscient est le témoignage d'un savoir en tant que pour une grande part il échappe à l'être parlant*" (*ibidem*, p. 126). [Trad. bras.: *ibidem*, p. 190.] Modificamos levemente a tradução que Agamben dá do texto de Lacan. (N.T.)

56 Agamben cita as duas frases como se ambas estivessem na p. 88 da edição francesa. Na verdade, apenas a primeira frase encontra-se na p. 88. A segunda encontra-se na p. 126. (N.T.)

57 "*eine ökonomische gerichtete Ästhetik*" (FREUD, Sigmund. Jenseits des Lustprinzips. In: *Gesammelte Werke.* Dreizehnter Band (XIII). Frankfurt am Main: Fischer Taschenbuch Verlag, 1999. p. 15). [Trad. bras.: Além do princípio do prazer. In: *Edição standard brasileira das obras psicológicas completas de Sigmund Freud.* v. XVIII. Rio de Janeiro: Imago, 1996. p. 28.] (N.T.)

no capítulo II de *Para além do princípio do prazer* [1920], é, desse ponto de vista, certamente significativa.)

Assim, por vias diversas, a cultura moderna, na mesma medida em que assistia a uma consolidação sem precedentes das ciências da natureza, assistia também à constituição e ao reforço de novas ciências do semiótico que tomavam como objeto o saber que não se sabe e o prazer que não se goza. A área do significante excedente não apenas não se reduz, mas, em certo sentido, se alarga, como se, quanto mais a ciência progredisse na sua tentativa de "salvar as aparências", tanto maior fosse o resíduo de significante excedente (a quantidade de saber que não se sabe) que deve ser assumido pelas ciências divinatórias. Ciência do semiótico e ciência do semântico, adivinhação e ciência aparecem assim estreitamente ligadas em uma relação de complementaridade, na qual uma garante a possibilidade e o funcionamento da outra.

A fratura entre significação e conhecimento, entre semiótico e semântico não é, de fato, algo que se produziu de uma vez por todas fora do homem, mas é uma fratura do próprio sujeito do saber, do homem enquanto *Homo sapiens*. Pois, como ser falante e cognoscente, o homem se mantém ao mesmo tempo na significação e no conhecimento, o seu saber é necessariamente dividido, e o problema de quem conhece no conhecimento (o problema do sujeito do saber) permanece a questão fundamental de toda teoria do conhecimento. Enquanto pertence à mais profunda intenção da filosofia antiga (como também à da *Ética* spinoziana) a tese que coloca na ideia (ou em Deus) o princípio do conhecimento, a filosofia e a ciência moderna, a partir de Descartes, procuraram, por sua vez, garantir a unidade do conhecimento através da ficção de um *ego cogito*, de um *Eu*, que, como pura autoconsciência, se afirma como sujeito único do saber. Mas é precisamente esse sujeito do saber que o mais recente desenvolvimento das ciências humanas veio a colocar em questão. Tanto a psicanálise – colocando um *Es* como sujeito do saber que não se sabe – quanto o estruturalismo – instituindo na estrutura um saber inconsciente categorial sem referência a um sujeito pensante – e a linguística – identificando nos fonemas um saber independente do sujeito falante – acenam resolutamente para um Outro como sujeito do conhecimento. O problema se torna, nesse ponto, aquele da passagem entre esse saber que se sabe e o saber que não se sabe, entre o saber do Outro e o saber do sujeito. Mas, assim como Benveniste mostrou que, na linguagem, semiótico e semântico representam dois mundos fechados, entre os quais não há passagem, do mesmo modo, entre o saber do Outro e o saber do sujeito há um hiato que não vemos como poderia ser preenchido. O programa freudiano segundo o qual "onde era o *Es*, eu devo ser",[58] não é algo que possa ser realizado, se é verdade que o Eu e o Outro são, em realidade, necessariamente complementares.

---

[58] "*Wo Es war, soll Ich werden*" (FREUD, Sigmund. Neue Folge der Vorlesungen zur Einführung in die Psychoanalyse. In: *Gesammelte Werke*. Fünfzehnter Band (XV). Frankfurt am Main: Fischer Taschenbuch Verlag, 1999. p. 86). [Trad. bras.: Novas conferências introdutórias sobre psicanálise. In: *Edição standard brasileira das obras psicológicas completas de Sigmund Freud*. v. XXII. Rio de Janeiro: Imago, 1996. p. 84.] Agamben traduz o *werden* da segunda oração por *essere*, "ser" ou "estar". Uma tradução talvez mais literal seria: "Onde Isso estava, devo Eu advir". (N.T.)

Por isso, não é surpreendente que o homem moderno consiga cada vez menos dominar um saber e um prazer que, em medida crescente, não lhe pertencem. Entre o saber do sujeito e o saber sem sujeito, entre o Eu e o Outro, se abre um abismo que a técnica e a economia procuram em vão preencher.

Daí também a impossibilidade, para a semiologia, de constituir-se como ciência geral do signo, isto é, como um saber fundado na unidade entre significante e significado. Para constituir-se como tal, ela deveria, de fato, reduzir a excedência do significante e suturar aquela cisão entre saber do semiótico e saber do semântico, entre saber que não se sabe e saber que se sabe, que está inscrita na própria noção de signo sobre a qual ela se funda. Por isso, o caso – tão embaraçoso para os linguistas – dos estudos de Saussure sobre os versos saturnianos pode ser visto como um paradigma do destino da semiologia (Milner, 1978): pois o semiólogo, uma vez reconhecido que há nos significantes um saber que não se sabe e que se revela nos anagramas, não pode senão tentar atribuir a ele um sujeito que não poderá jamais ser encontrado pela simples razão de que jamais existiu. Um saber que não fosse nem saber do semiótico nem saber do semântico – ou que fosse ambos ao mesmo tempo – só poderia situar-se naquela fratura entre o significante e o significado que a semiologia, até agora, suprimiu e ocultou.

A essa altura, torna-se talvez visível o sentido do projeto grego de uma filo-sofia, de um amor do saber e de um saber de amor, que não fosse nem saber do significante nem saber do significado, nem adivinhação nem ciência, nem conhecimento nem prazer, e do qual o conceito de gosto constitui uma extrema e tardia encarnação. Pois somente um saber que não pertencesse mais nem ao sujeito nem ao Outro, mas se situasse na fratura que os divide, poderia dizer ter verdadeiramente "salvo os fenômenos" no seu puro aparecer, sem nem remetê-los ao ser e à verdade invisível, nem abandoná-los, como significante excedente, à adivinhação.

É esse saber, no qual verdade e beleza comunicam, que, no auge da filosofia grega, Platão tinha fixado na figura demônica de Eros; e é ainda esse saber que, no limiar da idade moderna, tinha aparecido aos poetas do século XIII como "intelecto de amor" na figura beatificante de uma Dona (Beatriz) na qual, finalmente, a ciência goza e o prazer sabe. O mitologema de Eros está necessariamente inscrito no destino da filosofia, na medida em que, para além da decomposição metafísica do significante e do significado, da aparência e do ser, da adivinhação e da ciência, ele faz aceno a uma salvação integral dos fenômenos. Saber de amor, filosofia, significa: a beleza deve salvar a verdade e a verdade deve salvar a beleza. Nessa dupla salvação se realiza o conhecimento.

Somente um tal prazer, no qual prazer e conhecimento se unem, estaria verdadeiramente à altura daquele ideal sapiencial, isto é, gustativo, que um tratado indiano de poética, o *Espelho da composição* (*Sāhitya-darpana*), fixou no conceito de "sabor" (*rasa*):

> Surjo com o princípio luminoso, sem partes, brilhante da sua própria evidência, feito de alegria e conhecimento unidos, livre de todo contato de percepção outra, irmão gêmeo da degustação do *brahman*, vivente do sopro da sobrenatural maravilha, tal é o Sabor que aqueles que têm a medida do juízo degustam como a própria forma de si, inseparavelmente (Daumal, 1968, p. 165).

Referências bibliográficas

CROCE, Benedetto
1902 *Estetica come scienza dell'espressione e linguistica generale. Teoria e storia.* Milano-Palermo-Napoli: Sandron; Bari: Laterza, 1950.

DAUMAL, René
1968 *I poteri della parola.* A cura di Claudio Rugafiori. Milano: Adelphi.

DESCARTES, René
1649 *Les passions de l'âme.* Paris: Le Gras (trad. it.: *in Opere.* Bari: Laterza,1967. p. 399-519). [Trad. bras.: As paixões da alma. In: *Discurso do método; Meditações; Objeções e respostas; As paixões da alma; Cartas.* Trad. J. Guinsburg e Bento Prado Júnior. São Paulo: Abril Cultural, 1973. (Coleção Os Pensadores).]

DIDEROT, Denis
1751 *Beau, in Encyclopédie,* ou *Dictinnaire raisonné des sciences, des arts et des métiers, par une société de gens de lettres. Mis en ordre et publié par M. Diderot..., et quant à la Partie Mathématique, par M. d'Alembert...,*

Briasson, David, Le Breton. Paris: Durand, 1751-1765, vol. I (trad. it. *in Enciclopedia o dizionario ragionato delle scienze, delle arti e dei mestieri*. Bari: Laterza, 1968. p. 213-252). [Trad. bras.: DIDEROT, D.; D'ALEMBERT; J. R. *Enciclopédia, ou Dicionário razoado das ciências, das artes e dos ofícios*. Vol. 5: Sociedade e artes. Org. Pedro Paulo Pimenta, Maria das Graças de Souza. Trad. Pedro Paulo Pimenta, Maria das Graças de Souza e Luís Fernandes do Nascimento. São Paulo: Unesp, 2015.]

DUHEM, Pierre

1908 *Sozein ta phainomena: essai sur la notion de théorie physique de Platon à Galilée*. Paris: Hermann, 1908. Nova edição com introdução de Paul Brouzeng: Paris: Vrin, 1990.

FREUD, Sigmund

1920 *Jenseits des Lustprinzips*, International Psychoanalytischer Verlag, Leipzig-Wien-Zürich (trad. it. *in Opere*. vol. IX. Torino: Boringhieri, 1977. p. 193-249). [Trad. bras.: Além do princípio do prazer. In: *Edição standard brasileira das obras psicológicas completas de Sigmund Freud*. v. XVIII. Rio de Janeiro: Imago Editora, 1996.]

HEGEL, Georg Wilhelm Friedrich

1817-1829 *Ästhetik*. Berlin: Aufbau-Verlag, 1955 (trad. it. Torino: Einaudi, 1976). [Trad. bras.: HEGEL, G. W. F. *Cursos de estética*. 4 v. Trad. Marco Aurélio Werle e Oliver Tolle. São Paulo: Edusp, 1999-2004.]

KANT, Immanuel

1790 *Kritik der Urteilskraft*. Berlin und Libau: Lagarde und Friederich (trad. it. Bari: Laterza, 1969.) [Trad. bras.: *Crítica da faculdade do juízo*. Trad. Valerio Rohden e António Marques. 2. ed. Rio de Janeiro: Forense Universitária, 2010.]

KLEIN, Robert

1970 *"Giudizio" et "Gusto" dans la théorie de l'art au Cinquecento, in Id., La forme et l'intelligible: écrits sur la Renaissance et l'art moderne.* Paris: Gallimard, (trad. it. Torino: Einaudi, 1975). [Trad. bras.: *A forma e o inteligível: Escritos sobre o Renascimento e a Arte Moderna.* Trad. Cely Arena. São Paulo: Edusp, 1998.]

LACAN, Jacques

1975 *Le séminaire. Livre XX. Encore.* Paris: Seuil. [Trad. bras.: Jacques Lacan. *O seminário, livro 20: mais, ainda.* Trad. M. D. Magno. Rio de Janeiro: Zahar, 1985.]

LÉVI-STRAUSS, Claude

1950 *Introduction à l'oeuvre de Marcel Mauss. in* M. Mauss. *Sociologie et anthropologie.* Paris: Presses Universitaires de France (trad. it.: Torino: Einaudi, 1965). [trad. bras.: Lévi-Strauss, "Introdução à obra de Marcel Mauss". *In:* Marcel Mauss. *Sociologia e antropologia.* 2. ed. Trad. Paulo Neves. São Paulo: Cosac Naify, 2015.]

MALLARMÉ, Stéphane

1897 *Magie, in Id., Divagations.* Paris: Fasquelle. [Trad. bras.: MALLARMÉ, S. *Divagações.* Trad. e apres. Fernando Scheibe. Florianópolis: Ed. da UFSC, 2010.]

MARX, Karl

1867 *Das Kapital*, I. Hamburg: Meissner (trad. it.: Torino: Einaudi, 1975). [Trad. bras.: *O Capital I.* Trad. Rubens Enderle. São Paulo: Boitempo, 2013.]

MILNER, Jean-Claude

1978 *L'amour de la langue.* Paris: Seuil. [Trad. bras.: *O amor da língua.* Trad. Paulo Sergio de Souza Junior. Campinas: Ed. Unicamp, 2012.]

MONTESQUIEU

1755 *Essai sur le goût dans les choses de la nature et de l'art; Goût, in Encyclopédie,* ou *Dictinnaire raisonné des sciences, des arts et des métiers, par une société de gens de lettres. Mis en ordre et publié par M. Diderot..., et quant à la Partie Mathématique, par M. d'Alembert...*, Briasson, David, Le Breton, Durand, Paris, 1751-1765, vol. I (trad. it. *in Enciclopedia o dizionario ragionato delle scienze, delle arti e dei mestieri*. Bari: Laterza, 1968, p. 213-252). [Trad. bras.: MONTESQUIEU, C. Gosto (Gramática, Literatura e Filosofia). In: DIDEROT, D.; D'ALEMBER, J. R. *Enciclopédia ou Dicionário razoado das ciências, das artes e dos ofícios*. Vol. 2: O Sistema dos conhecimentos. Org. Pedro Paulo Pimenta, Maria das Graças de Souza. Trad. Pedro Paulo Pimenta, Maria das Graças de Souza e Luís Fernandes do Nascimento. São Paulo: Editora Unesp, 2015.]

NIETZSCHE, Friedrich

1872-1873 *Die vorplatonische Philosophen, in Gesammelte Werke*. vol. IV. München: Musarion Verlag, 1921.

ROUSSEAU, Jean-Jacques

1781 *Essai sur l'origine des langues, in Projet concernant de nouveaux signes pour la musique, lu par l'auteur à l'Académie des sciences le 22 août 1742 [Traités sur la musique]*. Genève: [s. e.], 1781. [Trad. bras.: *Ensaio sobre a origem das línguas*. Trad. Fulvia M. L. Moretto. Campinas: Editora Unicamp, 1998.]

ZUCCOLO, Ludovico

1623 *Discorso delle ragioni del numero del verso italiano*. Venezia: Ginami.

Posfácio

Do gosto, da arte e do belo ou de dois conceitos de estética em Agamben

Cláudio Oliveira

Entre 1970, quando Agamben lança seu primeiro livro, *O homem sem conteúdo*, e 1977, quando publica seu segundo livro, *Stanze*, verifica-se uma mudança significativa em alguns aspectos de seu pensamento que ainda não mereceu suficiente atenção dos estudiosos da sua obra. Entre um livro e o outro, Agamben publicou apenas alguns poucos artigos, a maioria dos quais vieram a se tornar posteriormente capítulos de *Stanze*, com a exceção de "Aby Warburg e a ciência sem nome", de 1975, mas que somente veio a ser incluído em um livro, bem mais tarde, em 2005, na coletânea *A potência do pensamento*. Conhecemos ainda muito mal esse primeiro período do pensamento de Agamben. Daí a importância da publicação de *Gosto*, que saiu originalmente no volume 6 da *Enciclopedia Einaudi*, em Torino, em 1979, mas só foi publicado como livro, na Itália, em 2015. *Gosto*, embora trate de um tema que já tinha sido abordado por Agamben em *O homem sem conteúdo*, está seguramente mais próximo, não só cronologicamente, mas também filosoficamente, de *Stanze*, seu segundo livro.

No livro de 1970, Agamben faz um diagnóstico da situação da arte em seu tempo que passa pela descrição do surgimento de uma figura da sociedade europeia do século XVII, o *homem de gosto*. No ensaio de 1979, no entanto, essa figura é absolutamente ausente, e é a própria categoria de gosto que se torna o tema principal. Essa diferença na abordagem já fica clara pelo próprio modo como o tema do gosto é introduzido num livro e no outro:

> Em torno da metade do século XVII, aparece na sociedade europeia a figura do *homem de gosto*, isto é, do homem que é dotado de uma particular faculdade, quase de um *sexto sentido* – como se começou a dizer então – que lhe permite colher o *point de perfection* que é característico de toda obra de arte (Agamben, 2012b, p. 37).

> Quando, no curso dos séculos XVII e XVIII, começa-se a distinguir uma faculdade específica à qual são atribuídos o julgamento e o gozo da beleza, é precisamente o termo "gosto", oposto metaforicamente, como um sentido figurado, à sua acepção própria, que se impõe na maior parte das línguas europeias para indicar aquela forma especial de saber que goza do objeto belo e aquela forma especial de prazer que julga a beleza (neste livro, p. 14).

Trata-se, como é visível, na primeira passagem, de entender o surgimento de uma figura histórica, o homem de gosto; ao passo que, na segunda passagem, trata-se de entender o surgimento da própria ideia de uma faculdade do gosto enquanto aquela faculdade humana à qual são atribuídos o julgamento e o gozo da beleza. Podemos dizer que, entre um livro e o outro, sai o homem de gosto e entra a faculdade do gosto.

Além disso, deve-se observar que, no livro de 1970, a figura do homem de gosto é pensada na sua relação com a obra de arte, enquanto, no ensaio de 1979, a faculdade do gosto é abordada sobretudo em relação à beleza. Podemos igualmente dizer que, entre um livro e o outro, sai a obra de arte e entra a beleza como problema fundamental.

Uma terceira diferença ainda a ser marcada entre as duas passagens é o fato de que, no primeiro livro, o gosto é tratado apenas enquanto uma faculdade de julgar, ao passo que, no ensaio de 1979, à faculdade do gosto é atribuído não só o julgamento, mas também o gozo da beleza. Essa ausência do gozo na primeira abordagem do problema do gosto talvez possa explicar boa parte das diferenças que encontramos entre um livro e o outro. Tentarei falar sobre isso mais à frente.

Tratarei, para começar, do primeiro aspecto salientado. Podemos dizer que a análise que Agamben faz da figura do homem de gosto, em 1970, é francamente negativa, definindo-o basicamente como a figura que descreve a nossa relação degradada com as obras de arte no mundo moderno. Já o gosto, no ensaio de 1979, surge sob um viés altamente positivo, como uma categoria que permitiria pensar a superação de uma fratura estruturante da metafísica, a que separa verdade e beleza, conhecimento e gozo. Parece-me bastante claro que o problema do gosto é tratado nas duas obras não só em contextos teóricos bastante distintos, mas também com valores bastante distintos. A que se deve essa mudança tão significativa na abordagem de um mesmo tema? Para nos darmos conta dessa diferença em todo o seu significado, é preciso que retomemos, mesmo que de modo breve, a abordagem do tema do gosto em *O homem sem conteúdo*.

Dentro da economia do primeiro livro de Agamben, inteiramente dedicado ao problema da arte em seu tempo, o homem de gosto, essa figura ainda inexistente no século XVI, é abordada já no terceiro capítulo do livro. Segundo Agamben, a figura do homem de gosto marcaria o surgimento da atitude de "interrogar-se, diante de uma obra de arte, sobre o correto modo de entendê-la" (Agamben, 2012b, p. 38), uma atitude até então inédita. O surgimento da categoria de bom gosto, que já pode ser encontrada nos *Caractères* de La Bruyère, de 1688, representaria, assim, uma modificação significativa, essencial, no modo como o homem passa a se relacionar com as obras de arte no mundo moderno. O aparecimento do homem de gosto, no entanto, não corresponderia, segundo Agamben, "a uma mais ampla receptividade do espírito em relação à obra de arte ou a um interesse maior por esta" (*ibidem*, p. 38). Ao contrário, o filósofo italiano acredita que "a mudança que se verifica não se resolve simplesmente em uma purificação da sensibilidade do espectador, mas envolve e põe em questão o próprio estatuto da obra de arte" (*ibidem*, p. 38-39). Em outras palavras, a partir do momento em que há homens de gosto, a partir do momento em que há uma faculdade através da qual apreciamos uma obra de arte, é possível afirmar que a obra de arte não tem mais o lugar que ela tinha antes.

É dentro desse quadro de investigação que, em *O homem sem conteúdo*, Agamben procura entender o "processo que leva à identificação desse misterioso órgão receptivo da obra de arte" (*ibidem*, p. 39). Trata-se para ele de entender "o particular gênero de reação psíquica que levará ao nascimento daquele mistério da sensibilidade moderna que é o juízo estético" (*ibidem*, p. 40). Agamben visa, portanto, estabelecer uma conexão entre a figura histórica do homem de gosto e o surgimento da categoria de juízo estético e demonstrar que o homem de gosto é o paradigma de nossa relação estética com as obras de arte, na medida em que ele é aquele que profere juízos estéticos sobre estas. No livro de 1970, poderosamente influenciado pelas ideias de Heidegger sobre a estética e a sua necessária destruição,[1] Agamben sustenta que, através do surgimento da figura do homem de gosto, a obra de arte passa a ter um estatuto puramente estético, na medida em que, agora, ela "se limita a fornecer a ocasião para um exercício do bom gosto" (*ibidem*, p. 40), o que caracterizaria o que ele chama também de a "nossa moderna educação estética" (*ibidem*). O homem de gosto do século XVII seria, assim, o paradigma do espectador moderno ocidental, para o qual a arte não ocupa mais, na sua vida espiritual, o mesmo lugar que ela ocupava naquela do mundo antigo ou medieval. Essa figura histórica ilustraria, nesse sentido,

[1] Tentei demonstrar essa influência no posfácio que escrevi para a edição brasileira de *O homem sem conteúdo*, intitulado "Da estética ao terrorismo: Agamben, entre Nietzsche e Heidegger" (OLIVEIRA, 2012).

o que Agamben chama, servindo-se de Heidegger, de "o ingresso da arte na dimensão estética":

> [...] o ingresso da arte na dimensão estética – e a sua aparente compreensão a partir da *aísthesis* do espectador – não seria então um fenômeno tão inocente e natural como já estamos habituados a representá-lo. Talvez nada seja mais urgente – se quisermos colocar de verdade o problema da arte no nosso tempo – que uma *destruição* da estética que, desobstruindo o campo da evidência habitual, permita colocar em questão o sentido mesmo da estética enquanto ciência da obra de arte (*ibidem*, p. 25).

A ideia heideggeriana de uma destruição da estética orienta completamente as investigações acerca da situação da arte em nosso tempo desenvolvidas por Agamben em seu primeiro livro. A figura do homem de gosto é aquela que permitiria a Agamben entender o modo como o espectador passa a se situar frente a uma obra de arte na medida em que esta ingressa na dimensão estética. É esse espectador, que quanto mais refina seu gosto tanto mais se torna desinteressado, que Nietzsche criticará numa passagem da *Genealogia da moral*, que Agamben cita na primeira página do livro de 1970. De certo modo, *O homem sem conteúdo* é uma arqueologia, de motivação nietzschiana, da ideia kantiana do desinteresse como aquilo que qualificaria o estado estético. O surgimento do homem de gosto é, para Agamben, o momento de origem dessa arqueologia que vai dar na *Crítica do Juízo*, isto é, "na meditação mais coerente que o ocidente possui sobre o juízo estético" (*ibidem*, p. 77). A arqueologia de Agamben dá, em última análise, razão ao veredito de Nietzsche:

> Tudo se passa, em suma, como se o bom gosto, permitindo, a quem tem o seu dom, perceber o *point de perfection* da obra de arte, terminasse, na realidade, por torná-lo indiferente a ela; ou como se a arte, entrando no perfeito mecanismo receptivo do bom gosto, perdesse aquela vitalidade que um mecanismo menos perfeito, mas mais interessado, consegue, no entanto, conservar (*ibidem*, p. 45).

Trata-se, portanto, de entender por que, "em um certo momento, vemos [...] a sensibilidade do espectador frente à obra de arte demorar-se tão longamente no momento da maravilha a ponto de isolá-la como uma esfera autônoma de qualquer conteúdo religioso ou moral" (*ibidem,* p. 67). Essa constituição de uma esfera autônoma da arte, separada de qualquer conteúdo, que nos permite, por exemplo, entrar na Capela Sistina para observar o gênio de Michelangelo sem levar em consideração o conteúdo religioso de sua pintura, é precisamente o que Agamben entende, na esteira de Heidegger, como a entrada da arte na dimensão estética, uma dimensão que não existia antes do mundo moderno. Como lembra Agamben, enquanto

> [...] o espectador vê na obra de arte apenas a própria fé e a verdade mais alta do próprio ser trazida à consciência do modo mais necessário, [...] um problema da arte em si não pode surgir exatamente porque esta é o espaço comum em que todos os homens, artistas e não artistas, se reencontram em viva unidade (*ibidem*, p. 70).

Ao contrário, quando, no mundo moderno, o homem só pode encontrar a obra de arte "através da imagem refletida no espelho mágico do próprio gosto", não há mais nenhum mundo a ser compartilhado, e o nascimento do gosto coincide com isso que Hegel chamou, na *Fenomenologia do Espírito*, de o mundo da "pura Cultura". Encontramo-nos aqui, como diz Agamben, "frente ao espaço estético-metafísico da galeria", frente ao "*Museum Theatrum* como *topos ouranios* da arte na perspectiva do juízo estético" (*ibidem*, p. 71). O que acontece a partir de agora é que "diante de uma obra de arte, não buscamos tanto penetrar em sua íntima vitalidade, identificando-nos com ela, quanto nos dar dela uma representação segundo o esqueleto crítico fornecido a nós pelo juízo estético" (*ibidem*, p. 76). Ou, numa outra formulação:

> [...] a obra de arte não é mais, para o homem moderno, a aparição concreta do divino, que deixa a alma capturada pelo êxtase ou pelo terror sagrado, mas uma ocasião privilegiada para colocar em movimento o seu gosto crítico, aquele juízo sobre a arte que, se não tem para nós verdadeiramente, de algum modo, mais valor que a arte mesma, responde porém certamente a uma necessidade pelo menos igualmente essencial (*ibidem*).

Uma vez concebida a arte em sua dimensão estética, o gosto se torna "o órgão essencial da nossa sensibilidade frente à obra de arte" (*ibidem*, p. 83). E a tal ponto que o homem de gosto deve ser entendido como a figura que prepara o surgimento de uma outra figura contemporânea, "a do crítico moderno, cuja única razão de ser e cuja única tarefa exclusiva é o exercício do juízo estético" (*ibidem*, p. 84).

Ora, a partir dessa descrição sumária das teses de Agamben sobre os conceitos de gosto e de estética em *O homem sem conteúdo*, podemos agora avaliar a mudança significativa que se dá em seu pensamento quando ele retoma o tema, por um viés totalmente distinto, em seu ensaio de 1979. Tudo se passa de modo completamente diferente desde as primeiras páginas de *Gosto*. Embora Agamben leve em conta aqui a dimensão estética da arte, sua investigação tem em mira uma questão totalmente diferente, como ele esclarece ao fim da primeira parte do ensaio:

> No presente estudo, mesmo que consideremos a estética no sentido tradicional como um campo historicamente fechado, proporemos, por outro lado, situar o gosto como lugar privilegiado no qual vem à luz a fratura do objeto do conhecimento em verdade e beleza e do *télos* ético do homem [...] em conhecimento e prazer, que caracteriza de modo essencial a metafísica ocidental (neste livro, p. 16).

Ora, Agamben assume que a categoria de gosto pertence ao campo da estética, mas seu objetivo, no ensaio de 1979, ao falar sobre o gosto, não é uma crítica da estética ou da dimensão estética da obra de arte, como era o caso no livro de 1970. Trata-se para ele, agora, de entender o gosto como um lugar privilegiado, que permitiria mostrar a fratura entre verdade e beleza, entre conhecimento e prazer, que caracterizaria, a seu ver, a metafísica ocidental. Trata-se, portanto, de um problema completamente diferente daquele abordado em seu primeiro livro. Fica claro, já nesse primeiro momento do ensaio de 1979, que interessa, aqui, a Agamben, menos o problema da obra de arte e de sua entrada na dimensão estética, e mais o problema da beleza e do prazer (ou do gozo), que uma investigação sobre a faculdade do gosto impõe: um problema completamente ausente das investigações de *O homem sem conteúdo*. Isso permitirá a Agamben abordar as teorias estéticas que surgem no curso dos séculos XVII e XVIII de um modo bastante diferente daquele adotado por ele no livro de 1970. Em outras palavras, o que lhe interessa agora na categoria de gosto é não o fato de que ela denuncia o surgimento de um novo modo de lidarmos com as obras de arte, mas o fato de que ela representa uma forma especial de saber, aquele que goza do objeto belo, e uma forma especial de prazer, aquele que julga a beleza.

Segundo Agamben, Kant teria percebido essa interferência entre saber e prazer já desde as primeiras páginas da *Crítica do Juízo*, e a teria entendido como o enigma do gosto. Diferentemente do modo como tinha abordado a obra de Kant em seu livro de 1970, Agamben a entende agora como aquela que apresenta o problema do gosto como o problema de um "outro saber": "um saber que não pode dar razão em seu ato de conhecer, mas dele goza" (neste livro, p. 15). A estética moderna, nessa mesma linha de raciocínio, ter-se-ia construído, desde Baumgarten, "como uma tentativa de indagar a especificidade desse 'outro saber' e de fundar a sua autonomia ao lado do conhecimento intelectual" (*ibidem*, p. 15).

Talvez por isso o objeto por excelência de investigação, no ensaio de 1979, não seja mais a obra de arte (mesmo que ele não deixe de levar em conta que a categoria do gosto surge no âmbito da estética moderna), mas a beleza, na medida em que esta sempre trouxe para o campo da filosofia o paradoxo de um outro modo de saber, e isso muito antes do surgimento da estética moderna. Daí a observação com a qual ele fecha a primeira parte do ensaio de 1979: mesmo que ele considere, no ensaio, a estética no sentido tradicional como um campo historicamente fechado (fazendo referência assim à dimensão estética como um espaço autônomo), ele, no entanto, proporá situar o gosto como um lugar onde se pode fazer a experiência da fratura do objeto do conhecimento em verdade e gozo, em conhecimento e prazer. É essa fratura que caracterizaria, segundo Agamben, de modo essencial, a metafísica ocidental, o que é um modo bastante original de entendê-la, se partimos da orientação heideggeriana que caracterizava o livro de 1970. Em 1979, o próprio modo como Agamben define o que ele chama de metafísica ocidental já não se deixa mais guiar completamente pela filosofia de Heidegger. Devemos nos perguntar de onde Agamben extrai os elementos para construir essa nova definição.[2]

No livro publicado dois anos antes, *Stanze*, de 1977, é precisamente uma fratura característica da metafísica ocidental que Agamben aborda no prefácio que escreve para os ensaios reunidos no livro. Em *Stanze*, essa fratura é pensada como uma fratura entre a filosofia e a poesia, mas que é descrita em termos muito próximos daqueles em que é colocado o problema do gosto no ensaio de 1979:

> Segundo uma concepção que está apenas implicitamente contida na crítica platônica da poesia, mas que adquiriu na idade moderna caráter hegemônico, a cisão da palavra é interpretada no sentido de que a poesia possui o seu objeto sem conhecê-lo e a filosofia o conhece sem possuí-lo. A palavra ocidental é assim dividida entre uma palavra inconsciente

---

2 Está ainda por ser feito um estudo sobre o conceito de metafísica em Agamben, o qual, se, por um lado, é certamente dependente do conceito heideggeriano, por outro, não se deixa reduzir a este.

> e como que caída do céu, que goza do objeto do conhecimento representando-o na forma bela, e uma palavra que tem por si mesma toda a seriedade e toda a consciência, mas que não goza do seu objeto, porque não sabe representá-lo.
>
> Aquilo de que a cisão entre poesia e filosofia oferece testemunho é a impossibilidade da cultura ocidental de possuir plenamente o objeto do conhecimento (pois o problema do conhecimento é um problema de possessão, e todo problema de possessão é um problema de gozo, isto é, de linguagem) (Agamben, 2011, p. XIII).

Reconhecemos aqui um aspecto importante do problema colocado pelo gosto no ensaio de 1979: a oposição entre conhecimento e gozo. De onde vem essa importância dada ao gozo, um termo absolutamente ausente no primeiro livro de Agamben? Parece-me incontestável que sua origem provenha da psicanálise, sobretudo de Lacan, mesmo porque a psicanálise é uma das referência mais importantes de *Stanze* – seja nos capítulos iniciais da primeira parte do livro, dedicados à melancolia e ao fetiche, em que Freud é uma referência fundamental; seja na terceira parte do livro, com uma dedicatória, entre outros, a Lacan, em que Agamben aborda o problema das relações entre palavra e fantasia, fazendo referência aos *Escritos* do psicanalista francês – e seguramente também de *Gosto*, como o prova a referência explícita a Freud e a Lacan na última parte do ensaio. Voltaremos a essa referência mais à frente.

De qualquer modo, o importante a ser marcado aqui é a insistência na oposição entre conhecimento e gozo, presente tanto em *Gosto* quanto no prefácio de *Stanze*. Isso que *Stanze* entende como a "cisão da palavra ocidental", entre palavra filosófica e palavra poética, entre palavra inconsciente e palavra consciente, entre a palavra que possui o seu objeto sem conhecê-lo e a palavra que o conhece sem possuí-lo, *Gosto* entende como uma "fratura do objeto do conhecimento em verdade e beleza e do *télos* ético do homem [...] em conhecimento e prazer". No ensaio de 1979, o gosto (e, por consequência, a estética) seria aquilo que, pelo menos *a priori*, visaria à superação dessa fratura e dessa cisão, superação que, em *Stanze*, seria a tarefa da crítica, um termo que, naquela obra, deve ser entendido em sua inspiração benjaminiana.

Para demonstrar que a categoria de gosto permitiria pensar uma superação da fratura entre conhecimento e gozo, Agamben parte, no ensaio de 1979, do próprio sentido etimológico da palavra: gostar é um modo de não apenas fruir de algo, mas também de conhecê-lo: o sabor é um modo de saber, o que é confirmado pela proximidade etimológica entre essas palavras. Como lembra Agamben, no grego e no latim, "um vocábulo etimologicamente e semanticamente ligado à esfera do gosto que designa o ato do conhecimento" (neste livro, p. 12). Tanto o latino *sapiens* tem a ver com *sapore*, quanto o grego *sophós* tem a ver com *sapio*, "sentir o sabor", "degustar", "experimentar".

Para Agamben, só se pode entender "o problema estético do gosto, que é, ao mesmo tempo, um problema de conhecimento e de prazer, ou melhor, nas palavras de Kant, o problema da 'enigmática' relação entre o conhecer e o prazer" (*ibidem*, p. 24), tendo como fundo a complexa herança metafísica que pertence a essa ciência que, no final do século XVIII, vem ingenuamente propor-se como "ciência do belo" ou "doutrina do gosto". Essa herança metafísica pode ser vista no modo como Platão teria abordado o problema da beleza em seus diálogos, no modo como Platão entende o nexo verdade-beleza, que Agamben resume nos seguintes termos: "A beleza não pode ser conhecida, a verdade não pode ser vista" (*ibidem*, p. 22). A doutrina do gosto dos modernos assumiria assim a herança platônica para propor um saber que permitiria a superação dessa dupla impossibilidade.

Não se trata mais, portanto, para Agamben, em *Gosto*, de entender a estética como essa dimensão em que as obras de arte passam a existir no mundo moderno, mas como aquele saber que, ao abordar o problema do gosto e da beleza, pressupõe uma "secreta solidariedade entre ciência e prazer" (*ibidem*, p. 24). Trata-se, portanto, aqui, não apenas de uma nova concepção da categoria de gosto, mas de uma nova concepção da própria categoria de estética. Daí o título da terceira parte do ensaio: "Um saber que goza e um prazer que conhece".

Nessa terceira parte, Agamben aborda desde autores do século XVI até a copiosa tratadística do século XVIII sobre o gosto e o belo para mostrar que o gosto aí aparece como um "saber que goza" e como um "prazer que conhece". Ele parte das definições de gosto de Leibniz ("o gosto, diferentemente da inteligência, consiste nas percepções confusas das quais não se poderia suficientemente dar razão") e de Montesquieu ("O gosto natural não é uma ciência teórica; é a aplicação pronta e requintada de regras que nem sequer conhecemos") para construir sua própria definição do gosto como um sentido antimetafísico, uma forma de conhecer outra que é, ao mesmo tempo, saber e prazer e que, inspirado pela psicanálise, ele define como "um saber que não se sabe" e, seguindo nisso Leibniz, como "um saber que não pode dar razão de si".

As características paradoxais do gosto, observa Agamben, são também encontradas nas tentativas de definição do seu objeto: o belo, que Agamben, a partir de uma referência a Lévi-Strauss, definirá como "um significante excessivo", ou seja, como um significante "independentemente de qualquer significado concreto" (neste livro, p. 33). Enquanto um objeto que não pode ser propriamente conhecido, do qual não se pode dar razão, o belo é um significante que nenhum significado consegue preencher.

Percebemos, aqui, a introdução, na abordagem do problema do gosto e do belo, de um vocabulário estranho aos autores modernos que se ocuparam do tema e que Agamben introduz a partir das suas referências contemporâneas: a antropologia estrutural de Lévi-Strauss, a linguística de Benveniste e a psicanálise de Freud e Lacan, referências que já aparecem em *Stanze* e que também podem ser encontradas no livro publicado em 1978, *Infância e história*. Inspirado nesses autores, Agamben entende, por exemplo, a *Crítica do Juízo* (1790), de Kant, como a expressão mais rigorosa da "concepção do belo como significante excedente e do gosto como saber/prazer desse significante" (neste livro, p. 36).

É significativa, aliás, a diferença de abordagem da *Crítica do Juízo* em *O homem sem conteúdo* e em *Gosto*. Enquanto, no primeiro, Agamben insiste no fato de que, na obra de Kant, o problema do belo é apreendido sob a perspectiva do juízo estético, e de "que as determinações da beleza sejam definidas no juízo de modo puramente negativo"(Agamben, 2012b, p. 77), dando ensejo à ideia de que a estética estaria ligada de algum modo a isso que Heidegger, na esteira de Nietzsche, tinha chamado de niilismo europeu;[3] no segundo, "a impossibilidade, para Kant, de definir o belo a não ser através de uma série de determinações puramente negativas" corresponde apenas ao estatuto híbrido do gosto, enquanto "uma excedência do saber, que não conhece [...], mas se apresenta como prazer, e uma excedência do prazer que não goza [...], mas se apresenta como saber" (neste livro, p. 37). Essa modificação de leitura da obra de Kant e do problema do gosto só pode ser explicada por uma mudança de referências teóricas da parte de Agamben. No lugar de Hegel, Nietzsche e Heidegger, as referências maiores de *O homem sem conteúdo*, temos agora Lévi-Strauss, Benveniste, Freud e Lacan.

Essas referências, no entanto, que tinham guiado a leitura do problema desde o início do ensaio, só se explicitam em sua parte final. Agamben esclarece, nesse momento do ensaio, que o conceito de "significante excedente", com o qual ele busca entender o belo, provém "de uma teoria do conhecimento que foi elaborada no âmbito da antropologia" (*ibidem*, p. 45). Partindo da reflexão de Lévi-Strauss, Agamben define duas espécies de saber:

---

[3] "O exame do gosto estético nos leva, assim, a nos perguntarmos se não existe talvez algum tipo de nexo entre o destino da arte e o surgimento daquele niilismo que, segundo as palavras de Heidegger, não é de modo algum um movimento histórico ao lado de outros, mas 'pensado na sua essência, é o movimento fundamental da História do Ocidente'" (AGAMBEN, 2012b, p. 56).

> [...] um saber que se sabe, isto é, as ciências no sentido moderno, que se fundam na adequação do significante e do significado, e o saber que não se sabe, isto é, as ciências divinatórias (e as várias formas de *manía* elencadas por Platão), que se fundam, por sua vez, no significante excedente (*ibidem*, p. 50-51).

Partindo ainda da distinção de Benveniste entre semiótico e semântico, Agamben define o saber das ciências modernas como saber do semântico, e as ciências divinatórias como saber do semiótico. As primeiras teriam um sujeito e poderiam dar razão do seu objeto, as segundas não teriam sujeito e não poderiam dar razão do seu objeto. Com o avanço das ciências modernas, teria havido, a partir do século XVII, uma progressiva exclusão das ciências divinatórias, mas o saber que não se sabe não desaparece. A consolidação da estética no século XIX demonstraria, segundo Agamben, que a ciência não pode dar conta do significante excedente. A estética passaria a ser entendida, nesse sentido, como um sucedâneo das ciências divinatórias, como um saber do significante excedente (no caso, do belo). Seriam igualmente exemplos de ciências divinatórias, a seu ver, as disciplinas filológicas e a economia política. Mas, além delas, uma outra ciência viria ocupar, no final do século XIX, o espaço deixado livre pelas ciências divinatórias: a psicanálise, "uma ciência que – enquanto define o seu próprio âmbito com o termo 'inconsciente' – se funda desde o início na suposição de que há um saber que não se sabe, mas que se revela em símbolos e em significantes" (*ibidem*, p. 53). É nesse ponto do seu ensaio que Agamben cita uma passagem do Seminário XX de Lacan, em que o psicanalista diz: "A análise veio anunciar que há um saber que não se sabe, um saber que se sustenta no significante enquanto tal" (*ibidem,* p. 53). A psicanálise revelaria, nesse sentido, segundo Agamben, "uma essencial proximidade com a estética" (*ibidem,* p. 54)

Essas afirmações finais do ensaio de 1979 só podem surpreender o leitor do livro de 1970 e suas considerações sobre a estética e o homem de gosto. Vemos, assim, que a estética é entendida por Agamben em *Gosto* de modo absolutamente distinto daquele como ela tinha sido entendida em *O homem sem conteúdo.* Haveria, nesse sentido, poderíamos dizer, dois conceitos de estética em Agamben: aquele que ele emprega em *O homem sem conteúdo* e que não é senão um conceito heideggeriano-nietzschiano, e um outro, completamente diferente, que surge em *Gosto,* e que só pode ser atribuído ao próprio Agamben. No primeiro, a estética é não só a ciência da obra de arte, mas uma dimensão autônoma em que as obras de arte passam a habitar no mundo moderno e na qual elas são apenas a ocasião para o proferimento de juízos estéticos. No segundo, a estética é uma ciência divinatória que tem por objeto não a obra de arte, mas o belo. Enquanto tal, ela é um saber que não se sabe, que não pode dar razões.

Haveria igualmente duas distintas definições do gosto nos dois livros. Na primeira, o gosto é uma faculdade a partir da qual proferimos juízos estéticos sobre a obra de arte. Na segunda, o gosto é um outro saber, que não pode dar razão do seu objeto, mas que goza dele; como uma forma especial de saber que goza do objeto belo e como uma forma especial de prazer que julga a beleza; como um lugar privilegiado no qual emerge a fratura do objeto do conhecimento em verdade e beleza, em conhecimento e gozo.

No prosseguimento da obra de Agamben, parece-me que o primeiro conceito de estética é o que prevalecerá, o de matiz heideggeriano-nietzschiano, tendo aquele que foi desenvolvido em *Gosto* ficado, aparentemente, restrito ao ensaio de 1979.

Quatro anos antes de *Gosto*, em 1975, no ensaio "Aby Warburg e a ciência sem nome", é ainda a perspectiva crítica em relação à estética que domina, mesmo que já vejamos aparecerem aqui, ao lado das referências heideggerianas e nietzschianas, as primeiras referências a Lévi-Strauss e a Benveniste na obra de Agamben. O valor do ensinamento e do método de Warburg, no entanto, consiste, nesse momento, para Agamben, sobretudo em sua "recusa do método estilístico-formal dominante na história da arte no final do século XIX" e no "deslocamento do foco da investigação da história dos estilos e da avaliação estética para os aspectos mais pragmáticos e iconográficos da obra de arte" (Agamben, 2015a, p. 111-112). Agamben descreve a aproximação warburguiana à obra de arte como uma "lufada de ar fresco" sobre "as águas estagnadas do formalismo estético" (*ibidem*, p. 112). Ele chama atenção para "honesta repugnância" de Warburg por aquilo que o autor alemão chamou, certa vez, numa nota de 1923, de "*ästhetisierende Kunstgeschichte*, a "história da arte estetizante" (*ibidem*). Nada mais distante de Warburg, nesse sentido, do que a ideia de uma "história da arte como disciplina especializada" (*ibidem*, p. 113). Ao situar a imagem entre a religião e a arte, Warburg teria, ao contrário, delimitado o horizonte de sua investigação, "cujo objeto é a imagem, mais do que a obra de arte, e isso a coloca decisivamente fora dos confins da estética" (*ibidem*, p. 115).

Agamben insiste em opor as investigações de Warburg à estética, ao afirmar que o que interessava ao historiador alemão era sobretudo o modo como os artistas se viam diante das imagens herdadas da tradição e isso "não era portanto, para ele, pensável em termos de escolha estética" (p. 119). As investigações de Warburg teriam, assim, como questão "um problema que é, ao mesmo tempo, histórico e ético" (p. 116), e não estético: aquele que ele definiu, certa vez, como "um diagnóstico do homem ocidental". Agamben antecipa aqui, nesse ensaio de 1975, a ideia, que ele desenvolverá mais tarde, de que era preciso deslocar a obra de arte, do campo da estética, para o campo da ética (e da política). A seu ver, a reflexão de Warburg tem que ser entendida num horizonte mais amplo que aquele da estética,

> [...] em que as soluções estilísticas e formais adotadas em cada momento pelos artistas se apresentam como decisões éticas que definem a posição dos indivíduos e de uma época relativamente à herança do passado e em que a interpretação do problema histórico se torna, ao mesmo tempo, um "diagnóstico" do homem ocidental em sua luta para curar suas contradições e encontrar, entre o velho e o novo, sua morada vital (*ibidem*, p. 117).

São visíveis aqui as ressonâncias heideggerianas ("morada vital") que já encontrávamos, no tratamento de questões semelhantes, em *O homem sem conteúdo*.

Quase duas décadas depois, num ensaio intitulado "Notas sobre o gesto", e publicado pela primeira vez em 1992, Agamben retorna a Warburg para propor a ética (e a política) como o âmbito própria à arte, radicalizando sua leitura anterior do trabalho do historiador alemão, ao afirmar que as pesquisas de Warburg não podem ser definidas nem mesmo como "ciência da imagem". A seu ver, essas pesquisas "tinham, na verdade, em seu centro, o gesto como cristal de memória histórica" (AGAMBEN, 2015b, p. 55). Lendo Warburg não mais como um pesquisador da imagem, mas do gesto, o seu famoso *Atlas Mnemosyne* é, então, entendido por Agamben, como "uma representação em um movimento virtual dos gestos da humanidade ocidental" (p. 56). No mesmo ensaio, ele aborda também os textos de Deleuze sobre cinema, propondo um deslocamento semelhante, da imagem ao gesto, ao defender a ideia de que "o elemento do cinema é o gesto e não a imagem" (p. 56). A consequência que Agamben extrai daí é a de que, por ter "seu centro no gesto e não na imagem, o cinema pertence essencialmente à ordem da ética e da política (e não simplesmente à ordem estética)" (p. 58). Enquanto "abre a esfera do *ethos* como esfera mais peculiar do humano"(p. 58-59), o gesto não pode ser entendido nem como um meio que se dirige a um fim nem "como movimento que tem em si mesmo o seu fim (por exemplo, a dança como dimensão estética" (p. 59). O gesto – segundo a definição que dará título ao livro publicado em 1996 e do qual "Notas sobre o gesto" é um dos ensaios – é um *meio sem fim* ou, na definição ainda mais precisa, e profundamente benjaminiana, a que chega Agamben quase ao fim do ensaio: "*O gesto é a exibição de uma medialidade, o tornar visível um meio como tal*" (*ibidem*, p. 59). É enquanto tal que o gesto abre ao homem a dimensão ética, mas também política, na medida em que a própria política passa a ser definida, a partir do gesto, como "*a esfera dos puros meios, isto é, da absoluta e integral gestualidade dos homens*" (*ibidem*, p. 61).

A ideia de que o cinema pertence à ordem da política (e não à ordem da estética) é generalizada para o campo da arte como um todo na conferência que Agamben faz no Museu de Serralves, em 2007:

> [...] temos de mudar radicalmente o modo em que estamos habituados a olhar para o problema da relação entre arte e política. A arte não é uma actividade humana de ordem estética, que pode, eventualmente e em determinadas circunstâncias, adquirir também um significado político. A arte é em si própria constitutivamente política, por ser uma operação que torna inoperativo e que contempla os sentidos e os gestos habituais dos homens e que, desta forma, os abre a um novo possível uso (Agamben, 2008, p. 48-49).

A política surge aqui como uma ação ou operação que torna os gestos inoperosos. Agamben chega a essa conclusão, na conferência, partindo da ideia de "uma inoperatividade constitutiva da humanidade" (*ibidem*, p. 46) que ele encontra em uma hipótese abandonada por Aristóteles em uma passagem da *Ética a Nicômaco* (1097 b, 22, ss.). A ideia de uma constitutiva inoperosidade definiria "a essência – ou mais ainda, a práxis específica – do homem" (Agamben, 2008, p. 46). Essa hipótese lhe permite pensar de forma inédita não só a esfera da ação humana em geral mas também a própria ideia da política em particular.

Sabemos que o conceito de inoperosidade se tornará cada vez mais fundamental em Agamben na medida em que seu pensamento avança para seu estágio atual. Mas como lembra o filósofo italiano, é importante lembrar: "Inoperatividade não significa, de fato, simplesmente inércia, não fazer. *Trata-se, antes, de uma operação que consiste em tornar inoperativas, em desativar ou* des-oeuvrer *todas as obras humanas e divinas*" (p. 47). Não se trata, portanto, de uma inação, mas de "uma inoperatividade interna à própria operação, que consiste em tornar inoperativo qualquer poder particular de agir e de fazer" (p. 48). É, a seu ver, precisamente aquilo que ocorre na arte e, por isso, para explicar o que seria uma ação inoperosa, ele não encontra melhor exemplo do que o que se dá na poesia:

> Um exemplo vai permitir esclarecer como devemos entender esta "operação inoperativa". O que é, aliás, um poema, senão aquela operação linguística que consiste em tornar a língua inoperativa, em desactivar as suas funções comunicativas e informativas, para a abrir a um novo possível uso? (p. 48).

É enquanto gesto, enquanto meio sem fim, enquanto ação inoperosa que a arte aparece como pertencendo ao campo da ética e da política, e não da estética. Segundo Agamben, a estética não só não permitiria uma compreensão dessa dimensão da arte, como até mesmo a impediria.

São considerações nesse sentido que encontramos numa conferência mais recente, de 2012, proferida por Agamben em Scicli, na Sicília.[4] Nela, igualmente partindo da questão da inoperosidade, e por um viés

[4] A transcrição da conferência traduzida para o português, feita por Vinícius Nicastro Honesko, pode ser lida em: <goo.gl/juYU92>.

igualmente crítico à estética, ele retoma o problema – abordado mais de quarenta anos antes, em *O homem sem conteúdo* – da arte no mundo contemporâneo. Diz ele:

> O homem é um animal que não tem uma atividade própria. E é, talvez, justo por isso que, diferentemente dos outros animais, pode encontrar a própria verdade em uma atividade como a arte que, como é notório, é privada de uma finalidade (de uma finalidade ao menos definível) (Agamben, 2012a, s.p.).

Reconhecemos aqui a mesma ideia de a arte ser um meio sem fim que ele tinha trabalhado no ensaio sobre o gesto. Na conferência na Sicília, em que propõe "algumas reflexões sobre a situação da obra de arte hoje" (s.p.) e em que denuncia a "a museificação crescente da cultura" (s.p.), Agamben se propõe uma arqueologia da obra de arte na qual "pressupõe que a relação com a obra de arte tenha se tornado hoje problemática" (s.p.). A perspectiva arqueológica se faz necessária na medida em que o que está em jogo, para ele, é a relação da arte com o seu passado:

> E se o presente não sente mais o próprio passado como vivo, as universidades e os museus tornam-se lugares problemáticos. Se a arte se tornou para nós hoje uma figura, ou, talvez, a figura eminente desse passado, então a pergunta que é preciso ser colocada é: "Qual é o lugar da arte no presente?" (s.p.).

E é aqui que a crítica à estética retorna, visto que, se "hoje a expressão obra de arte tornou-se opaca ou mesmo ininteligível" (s.p.), isso se deve, em grande medida, à obscuridade do termo "arte", "que dois séculos de reflexão estética tornaram problemático" (s.p.).

Agamben faz referência, então, à criação dos *ready-mades* de Duchamp, que só podem, a seu ver, ser entendidos dentro da opacidade e da ininteligibilidade que caracterizariam a obra de arte em nosso tempo:

> Vocês sabem que Duchamp, propondo aqueles atos existenciais, e não obras de arte, que são os *ready-made*, sabia perfeitamente que não operava como um artista. Sabia também que a estrada da arte tinha sido bloqueada por um obstáculo intransponível que era a própria arte, então constituída pela estética como uma realidade autônoma (s.p.).

A acusação é grave e retoma, de algum modo, as teses de *O homem sem conteúdo*: a estrada da arte é bloqueada pela própria arte, na medida em que a estética a constitui como uma realidade autônoma. O gesto de Duchamp, rapidamente apropriado por aqueles que Agamben chama de "especuladores e espertalhões", visaria desbloquear a estrada da arte assim como destruir a ideia de arte, constituída pela estética, como uma realidade autônoma. As palavras de Agamben na conferência, no entanto, são bastantes pessimistas com relação ao sucesso do gesto de Duchamp. Os especuladores que transformaram o *ready-made* em uma obra de arte conseguiram, para Agamben, no máximo, movimentar "os templos do absurdo que são os museus de arte contemporânea" (s.p.).

As palavras de Agamben nessa conferência nos mostram, assim, que a perspectiva crítica em relação à estética é a que permaneceu. Vemos que, mesmo que tenha introduzido, no tratamento do problema, uma série de novos conceitos que ainda não estavam presentes em *O homem sem conteúdo*, a posição de Agamben em face da estética permaneceu fundamentalmente a mesma. O que só faz aumentar o enigma do ensaio de 1979 sobre o gosto. O conceito de estética desenvolvido ali parece não ter nem passado nem futuro dentro da obra de Agamben, mesmo que percebamos nele alguns elementos que dialogam com os livros publicados na mesma época.

É verdade que, em *Gosto*, Agamben não fala da obra de arte, mas apenas do belo. Como se a arte e o belo fossem dois objetos radicalmente distintos que tivessem que ser pensados separadamente. Como se houvesse uma estética enquanto ciência do belo, a ser louvada, e uma estética enquanto ciência da obra de arte, a ser condenada. É inegável que a estética, enquanto ciência do belo, tem para Agamben, em *Gosto*, um valor positivo fundamental, ao passo que, enquanto ciência da obra de arte, seu valor negativo é inquestionável. Ao se aproximar do enigma do gosto, em 1979, Agamben parece ter encontrado algo de fundamental na estética, mas que ia de encontro ao próprio conceito que ele havia construído dela antes e ao qual se manteria fiel depois. Há algo no gosto, esse algo que é ao mesmo tempo saber e prazer, conhecimento e gozo, que o fascinou a ponto de colocar de lado seu próprio conceito de estética para encontrar um outro. Um outro ao qual, no entanto, ele jamais retornou.

Referências bibliográficas

AGAMBEN, Giorgio. Aby Warburg e a ciência sem nome. In: *A potência do pensamento*. Trad. António Guerreiro. Rev. trad. Cláudio Oliveira. Belo Horizonte: Autêntica, 2015a.

AGAMBEN, Giorgio. Arqueologia da obra de arte. Conferência de Giorgio Agamben em Scicli, Sicília, em 06 de agosto de 2012a. Transliteração e tradução para o português: Vinícius Nicastro Honesko. Disponível em: <goo.gl/juYU92>.

AGAMBEN, Giorgio. Arte, Inoperatividade, Política. In: *Política/Politics*. Giorgio Agamben, Giacomo Marramao, Jacques Rancière, Peter Sloterdijk. Coordenação geral: Rui Mota Cardoso. Crítica do contemporâneo: Conferências Internacionais Serralves, 2007. Porto: Fundação de Serralves, 2008.

AGAMBEN, Giorgio. *O homem sem conteúdo*. Trad. Cláudio Oliveira. Belo Horizonte: Autêntica, 2012b.

AGAMBEN, Giorgio. Notas sobre o gesto. In: *Meios sem fim. Notas sobre a política*. Trad. Davi Pessoa. Rev. Trad. Cláudio Oliveira. Belo Horizonte: Autêntica, 2015b.

AGAMBEN, Giorgio. *Stanze. La parola e il fantasma nella cultura occidentale*. Torino: Einaudi, 2011.

OLIVEIRA, Cláudio. Da estética ao terrorismo: Agamben, entre Nietzsche e Heidegger. In: AGAMBEN, Giorgio. *O homem sem conteúdo*. Trad. Cláudio Oliveira. Belo Horizonte: Autêntica, 2012.

Este livro foi composto com tipografia Bembo e impresso
em papel Off-White 90 g/m² na Formato Artes Gráficas.